サラリーマン投資家が
「生涯賃金」を

「割安成長株」って
なんだろう？

「割安株」というのは、単に株価が
安いといことではありません。
その会社の業績や資産がきちんと
株価に反映されていないため、
株価が実力より低い状態の
株式のことなんです。

CHECK

割安成長株で2億円

10万円から始める!

弐億貯男
Nioku Tameo

ダイヤモンド社

株で稼いでしまった！

じゃあ
「成長株」って
なんなの？

「割安株」でありながら
増収増益だったり、今後もさらに
業績の伸びを期待できるのが「成長株」。
そんな「割安成長株」なら、
買ったときより何倍も高く売れて
大きな資産をつくれるんだ！

up!!

CONTENTS

Step 1 個人投資家は「割安成長株」への中長期投資がベスト

Step 2 「割安成長株」を見つけるための5つのポイント

Step 3 手っとり早く 「割安成長株」を 見つけるならIPO銘柄

Step 4 「割安成長株」の保有テクニック

Step 5 「割安成長株」の売りどきを極める

Step 6 新型コロナショックのような不測の事態への対処法

Step 7 投資リスクを コントロールする 12のポイント

Epilogue サラリーマン投資家 として 資産5億円を目指す

弐億貯男 資産2億円達成への道

❶ 日経平均がバブル崩壊後の最安値となった報道を見て
元手100万円で株式投資をスタート

❹ 不安定リスクを抱えて不人気だった介護関連株に着目
IPO銘柄を狙い始める

❷ 新興不動産銘柄バブル到来!「シノハラ建設システム(現シノケングループ)」(8909)、「原弘産(現REVOLUTION)」(8894)などの株式分割により
当時300万円の資産が1年で3倍に

❺ アベノミクスによる上昇相場の恩恵を受けて、保有資産を徐々に増やしていく

❸ サブプライムローン問題やリーマンショックの影響で
最大900万円の含み損を抱えた……

❻ 有料老人ホーム運営の「チーム・ケア・コーポレーション」(6062)で
10倍株(テンバガー)を達成!

資産2億円
達成!!

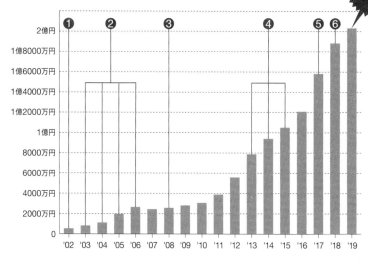

投資開始後の3年間で年利回り+30%を大きく上回るハイリターン!

余裕資金を追加で入金しながら元本を増やしていくようにすれば
年利回り+20〜25%といった比較的無難な目標でも「億り人」になれる!

Prologue

株式投資で
生涯賃金2億円を
稼いでしまった！

最初は正真正銘の
ビギナー投資家だった

はじめまして、弐億貯男（におく・ためお）と申します。

もちろん、これはハンドルネームです。

現在も会社勤めをしているため、本名は控えさせていただきます。

私は2002年10月、27歳のときにサラリーマン生活をしながら、株式投資を始めました。そして**2019年、43歳にして株式投資で資産2億円を築きました。**

以前の私は株式だけでなく、なんの投資経験もない正真正銘の "投資素人" でした。

株式投資になんのリテラシーもなかった素人が、なにをきっかけに、どうやって資産2億円を築いたのか？

そのことを本書で詳しくお話ししていきたいと思います。

投資を始めたきっかけは 「日経平均株価最安値更新」

　お笑いコンビ「キャイ〜ン」の天野ひろゆきさんは投資家でもありますが、天野さんが株式投資を始めたのは、2008年のリーマンショック直後だったといいます。

　当時、「100年に一度の大暴落」といわれたのですが、天野さんは「いまより株価が下がることはないはず」と思って投資を始めたそうです。

　私が株式投資を始めたきっかけも、同じようなことでした。

　私が株式投資を始めた2002年10月頃は、「日経平均株価がバブル崩壊後の最安値を更新！」と、連日のように報道されていました。

　そんなニュースを観ていた私は、こう考えたのです。

「日本株が最安値なのであれば、これから株価が上がるだろうから、いま株式投資を始めれば儲かるのではないか？」

　そんな思惑から、すべてがスタートしたのです。

　新型コロナショックで株式市場が暴落したときも、株式投資を始める人が増加したというニュースがありましたが、考えることはみな同じなのですね。

私には当時、結婚を前提につき合っていた彼女がいました。

**　その彼女（現在の妻）に株式投資について相談してみたところ、結婚後の生活を考えて「100万円までなら」という条件で許可をもらい、証券口座を開設しました。**

　口座を開設した証券会社は、「リテラ・クレア証券」と「イー・トレード証券（現SBI証券）」でした。

　リテラ・クレア証券は、通常の株式を10分の1にして販売する「ミニ株」（単元未満株式）のサービスを手がけていたというのが口座を開設した理由です。

　2002年頃の日本株は、1株50万円以上の銘柄がザラでした。投資元本が100万円では手を出せない銘柄も多かったため、ミニ株も活用することにしたのです（後述するように、現在は1銘柄数万円から買えます）。

　一方のSBI証券は、手数料の安いネット証券であることが口座開設の理由です。

　最初に買った銘柄は、私にとって身近だったゲーム関連銘柄や外食産業が中心。「スクウェア（現スクウェア・エニックス・ホールディングス）」（9684）や「ナムコ（現バンダイナムコホールディングス）」（7832）、「サイゼリヤ」（7581）などが投資対象でした。

株式投資は失敗から
スタートするもの

　最初に買った銘柄のうち、サイゼリヤ株を購入した直後、トラブルが発生してしまいました。

　なんとハンバーグに異物が混入して、それを食べた客が吐いたという報道が出て、株価が急落したのです……。

　最初は1400円くらいだった株価が、最終的には900円くらいまで下落。このように株式が買ったときよりも値下がりしてしまい、売却すると損失が出る状態を「含み損」といいます。

　私は「平均買付単価」を下げて含み損を薄めようと、株価が下がるたびにサイゼリヤ株の買い増しを進めました（これを「ナンピン買い」といいますが、詳しくは113ページで）。株価がいずれ値上がりに転じることを期待して、元をとるばかりでなく、値上がり益を得ようとしてのことです。

　そうやって買い増しを進めるうちに、とうとう投資元本の100万円では足りなくなりました。そこで、妻には内緒のまま、こっそりと投資元本を積み増し、最終的には250万円までつぎ込んだのでした。

　私がサイゼリヤ株に悪戦苦闘を強いられている間も、日本の

株式市場は下落を続けていたのですが、2003 年 6 月、りそな銀行へ公的資金が注入されたことをきっかけに、日経平均株価は大底を打ち、反発に転じました。

　サイゼリヤ株もそこから株価が戻り始め、買い増しを続けて雪だるま式に膨らんだ含み損も減ったところで、なんとか「損切り」して 250 万円をとり戻すことができました。損切りとは、含み損を抱えている株式を売り、損失額を確定することです。

　私の株式投資は最初から波乱含みで、失敗からのスタートとなりました。

**　後述するように、私に限らず初心者の株式投資は、得てして失敗から始まるものです。読者のみなさんもスタートダッシュを決めようと気負わず、損をしても必要以上に焦らないようにしてください。**

40代前半までに生涯賃金 2億円を貯めようと決めた

　株式投資を始めたばかりの頃、私は損益を記録に残していませんでした。

　「それだと儲かっているのか損をしているのか、わからないじゃない」

　そんな妻のアドバイスを受けて、株式投資を始めて10か月くらい経った2003年8月から取引記録をつけ始めました。

　それと同時に株式投資を「株日記」としてサイト上で公開。ブログがまだ普及していなかったので、レンタルサーバーと独自ドメインで株日記を公開し始めたのです。

　そこで掲げた目標が、「2020年までの株式資産2億円の達成」でした。

　なぜ2億円だったのか、その理由は単純明快です。この頃のサラリーマンの生涯賃金は2億円が相場だったからです。

　私は営業職でしたが、仕事があまり好きになれず、この先もずっと続けられる自信が持てませんでした。定年退職を迎える

まで働くなんて考えられません。

　なにかのきっかけで職を失ったら、最悪、妻と2人で路頭に迷う恐れだってあります。

　サラリーマンとして得る給与を、雀の涙ほどの利子もつかない銀行の預貯金にまわしても資産はいっこうに増えません。そうかといって、証券会社や銀行の金融商品である「投資信託」で資産を増やすスピード感では、経済的な不安を払拭するだけの資産は貯められません。

　将来的な不安のために、好きでもない仕事を続けるというのは、ストレス以外のなにものでもありません。だから、2020年までに「生涯賃金2億円」を貯めてしまおうと思ったのです。

資産2億円の
セミリタイア計画とは?

　資産2億円を貯めたら、そのうち1億円で配当利回り4%の銘柄を保有すると、サラリーマンの平均年収に匹敵する税引前400万円の不労所得を毎年得られます。

　その所得の範囲内で生活できたら、その段階で会社を辞めてセミリタイアが可能になります。

　残り1億円の半分の5000万円で、値上がり益狙いの株式

投資を続ける一方、残り5000万円は堅実に預貯金にあてるという目論見でした。

　2億円を目指す男という意味で、妻が即興で名づけたハンドルネームが「弐億貯男」だったのです。

　名は体を表すという言葉もありますが、もしかすると「弐億貯男」という名前を妻がつけてくれたからこそ、2億円という成績が後からついてきたのかもしれません。

　名づけ親である妻には、心から感謝しています。

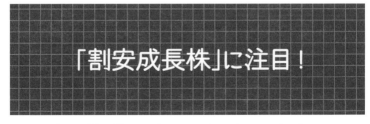

サイゼリヤ株で懲りた私は、ようやくとり戻した250万円

の投資元本に、自己資金を追加投入せず、株式資産2億円を実現すると誓いました。

　そのために株式投資の取引記録をつけ始めた頃から、私は「割安成長株」への投資を意識して銘柄を選ぶようになりました。「バリュー投資」とも呼ばれるやり方です。

　割安株とは、単に「低資金で買える安い株」という意味ではありません。

　割安株は、株価がその会社の業績や資産の好評価をきちんと反映しておらず、株価が低い状態の株式です。業績好調でしばらく成長が見込める「割安成長株」なら、買ったときよりも何倍も高く売れて資産形成に結びつきます。

　そこで投資に関する書籍やマネー誌の記事を読み、「割安成長株」の代表的な銘柄として購入したのが、新興不動産銘柄でした。

　「シノハラ建設システム（現シノケングループ）」（8909）、「原弘産（現REVOLUTION）」（8894）、「セイクレスト（上場廃止）」などです。

　この新興不動産への投資が、ズバリ的中しました。不動産のミニバブルと新興市場銘柄のバブルのタイミングに合致したのです。

　シノハラ建設システム、原弘産などは、発行済み株式数が少ない銘柄だったのですが、そういった銘柄では、順次、「株式

分割」が行われていきました。

　株式分割とは1株を複数に分割して、株式の流通量を増やす手法です。1株を2株に分けると、1株あたりの株価は単純に2分の1に下がりますから、個人投資家が買いやすくなり、株価が上がりやすくなります。

知識ゼロから追加投資なく資産2億円達成!

　当時の株式市場では、株式分割で1株あたりの株価が下がってから、分割して増えた株式が市場に流通するまで1〜2か月のタイムラグがありました。

　その間、発行済みの株式数が少ないままで株価が安くなるため、売り手が少ないのに買い手が多くなり、株価が急騰するケースが相次ぎました。私は、その恩恵も受けられたのです。

　2003年8月に250万円で取引記録をつけ始めた私の資産は、2003年末には370万円、2004年末には1000万円、2005年末には1900万円と急速に膨らんでいきました。

　新興不動産バブル、新興銘柄バブル、株式分割バブルというフォローの風に味方されて、知識ゼロだった私でも順調に資産を増やせたのです。

しかしその後、2006年の「ライブドアショック」、2008年の「リーマンショック」という2つの激震が日本株を襲いました。

　ライブドアショックからいったん立ち直ったにもかかわらず、続くリーマンショックで保有株は含み損を抱えたままになり、新たな株を買う「現金買付余力」も乏しい状況が続きました。

　2010年までパッとしない成績が続いたのです。

　ところが、2010年9月にいちばん大きな含み損を抱えていた「チェルト」という会社が、ビルメンテナンスや清掃管理を手がける「イオンディライト」（9787）との経営統合を発表。株価が急上昇して損失が一気に解消し、最終的には「利益確定」をしました。

　利益確定とは、株式が値上がりして含み益が生じた段階で売却し、利益額を確定させることです。

　こうして私は、リーマンショックの呪縛からようやく解放されました。

　2011年の東日本大震災後の相場では、保有資産が一気に1000万円減少する局面もありましたが、幸い短期で株価がV字回復するリバウンド相場となりました。

　それからいまに至るまで大きな失敗もなく、2012年以降のアベノミクス相場の流れに乗って保有資産を順調に伸ばし続けました。

　その結果、250万円の元手に一切追加投資しないで、計画より1年前倒しの2019年に株式資産が2億円を超えたのです。

投資は勝つまでやれば負けません

　私は株式投資で「割安成長株」の銘柄を選ぶ際、貸借対照表などの財務諸表を読み込むといった難しい分析は、なにもしていません。

　投資するかしないかを判断するために見ているのは、次のような資料です。

●四半期に一度発表される決算短信1ページ目の売上と利益

●決算説明資料

●個人投資家向け説明会資料

●証券会社サイトで無料で読める「会社四季報」情報

以上のような、わかりやすい資料だけをベースに投資判断しています。

「えっ、たったそれだけ？」と驚かれるかもしれませんが、このやり方で私の投資成績は好調なのです。

　株式投資を18年間続けており、2億円を達成しているのですから、まぐれの連続で上手くいっているわけではありません。

　私の経験を踏まえると、株式投資は財務諸表を読み込むなどの深い分析能力がなくても、素人のサラリーマンでもやっていけると思います。

　投資を始めるにあたり、事前の猛勉強は不要です。

　最低限の知識を得るために、投資本やマネー誌を読むくらいはしたほうがいいと思います。でも、「しっかり勉強してからでないと投資はできない」と思い込んでいると、仕事が忙しくて勉強する時間がとれないサラリーマンは、永遠に投資を始められません。

　私のブログのコメント欄には、「株式投資を始めるにはどうしたらいいですか？」という質問がよく寄せられますが、細かいことを考えず、まずは一歩踏み出してみればいいのです。

　実際の株式投資から得られる体験は、机上の学びで得られる知識をはるかに上回ります。

10万円から始めてみよう！

　株式投資は財務諸表の読み方を覚えたり、他人にすすめられた銘柄を買ったりして上達するわけではありません。結局のところ、身銭を切って株式の売買経験を積み重ねてこそ上達するものです。

　必要以上に事前勉強に励むのは、時間の無駄ともいえます。そんな暇があったら、さっさと株式の売買を行い、実戦経験を積んだほうが得られる学びは、はるかに多いです。

　経験を積みながら、その都度、必要な勉強をするほうが儲かるようになります。

　本書は「10万円から始める！」と銘打っていますが、ぜひ10万円から実際に株式投資を始めていただきたいと思います。そのうえで、この本の私の経験を役立てていただきたいのです。

　初心者は、事前にどれだけ勉強していても、最初は多少損をします。それは授業料だと割り切ったほうがいいです。

　私を含めて現在成功している個人投資家も、おそらく最初は損をするところから始まり、それでもやめずに続けたからこそ、大きな資産を築けているのです。

「走りながら考え、走りながら学ぶ」というやり方で株式投資

を続けながら、わからないところは知識を補い、売買で損をしたら反省点を洗い出して、次の売買に活かす。

　このサイクルを繰り返していれば、遠からず損益はプラスに転じます。

　投資は途中でやめるから負けるのです。勝つまで続けていれば負けません。

Step 1

個人投資家は
「割安成長株」への
中長期投資がベスト

まずは2つの視点で「割安成長株」を見つけよう

「割安株」とは、前述のように、単に株価が安い株という意味ではなく、会社の業績や資産の評価が低いため、株価が不当に低い状態の株式のことです。

業績好調で今後成長が見込める「割安成長株」を見つけて、安値で買って高値で売れば、資産を堅調に増やし続けられます。

割安成長株を購入して株価が上がり、割安でなくなったらそこで利益確定して、また別の割安成長株を購入する。これを延々と繰り返すことを目標にします。

では、割安かどうかをどうやって判断するのか？

割安かどうかを測る指標はいくつかありますが、私はもっともオーソドックスな「PER（株価収益率）」を当初から現在までずっと参考にしています。

$$\text{PER（株価収益率）} = \frac{\text{時価総額（現在の株価×発行済み株式数）}}{\text{当期純利益}}$$

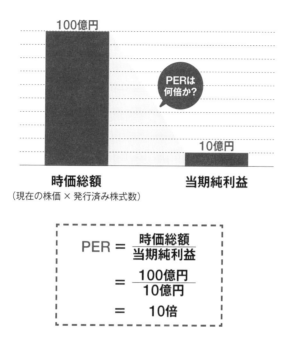

なお、PERは以下の計算式でも算出されます。

$$\text{PER} \atop \text{（株価収益率）} = \frac{\text{現在の株価}}{\text{1株あたりの当期純利益}}$$

　どちらの計算式でも同じくPERが算出されますが、その会社が1年間（当期）に稼ぎ出した「純利益」に対して、現在の「株価」が何倍なのかを表しています。

いずれにしても「PERが低ければ低いほど割安」ということだけ覚えておけばいいです。

　PERはだいたい15倍程度が平均とされているので、かつてはPER10倍以下だと割安株とされていました。

　ところが、2012年のアベノミクス以降の株式市場の上昇相場では、その基準がだいぶ下がり、現在ではPER20倍以下までが割安株とされるようになっています。

　私自身は15倍以下を割安株の目安にしています（できるだけ10倍以下が望ましいです）。一方、成長株かどうかは、直近2〜3年が増収増益かどうかで判断します。

　まずは「PERが15倍以下か」「直近2〜3年が増収増益か」の2つの視点で割安成長株を探してみてください。

割安成長株は
中小型株が多い

　株式投資で私が購入する銘柄は、「中小型株」が中心です。

　中小型株にこだわっているわけではなく、**「割安成長株」を
探してみると、結果として「中小型株」が多くなるのです。**

　すでにビジネス規模が大きく、市場から高く評価されている
大企業の大型株は、割安ではないことが多いです。そのため、
たとえ新規事業が成功を収めても、すでに規模が大きい全体の
売上や利益に与えるインパクトは限られてしまうので、株価が
大きく伸びる成長性でも見劣りしがちなのです。

　定義はいろいろありますが、一般的には株式の「時価総額」
をベースに、時価総額1000億円未満の銘柄が「小型株」、時
価総額1000億円以上3000億円未満が「中型株」、時価総額
3000億円以上が「大型株」といわれます。

　**小型株と中型株を合わせた中小型株は、日本の株式市場全体
のおよそ90%を占めています。**

　大型株に比べると中小型株は、事業の成長が売上や利益へ与
えるインパクトが大きく、株価の伸びに直結しやすいという特

大型株 時価総額 3000億円以上	●トヨタ自動車	21兆594億円
	●NTTドコモ	9兆8,957億円
	●武田薬品工業	6兆1,510億円
	●三菱UFJフィナンシャル・グループ	5兆5,374億円
	●キヤノン	2兆3,768億円

中型株 時価総額 1000億円以上 3000億円未満	●キユーピー	2,879億円
	●森永乳業	2,501億円
	●東映	2,140億円
	●コニカミノルタ	1,538億円
	●象印マホービン	1,058億円

小型株 時価総額 1000億円未満	●モスフードサービス	893億円
	●RIZAPグループ	734億円
	●ノーリツ	689億円
	●ユナイテッドアローズ	444億円
	●大塚家具	187億円

2020年8月4日時点

徴があります。

　中小型株が多く上場しているマザーズやJASDAQ（ジャスダック）などの新興市場、東京証券取引所市場第2部（東証2部）などには、生命保険会社や信託銀行などに代表される大手の「機関投資家」があまり参入しないため、株価指標的にも割安となります。

　こうした結果として、私の投資対象は中小型株が多いのです。

　個人投資家は、大手の機関投資家と同じ土俵で同じ銘柄を買う必要はありません。

　機関投資家の手が出せない新興市場で、東京証券取引所市場第1部（東証1部）昇格候補となる「割安成長株」を先回りして買えるのが、小回りが利く個人投資家の大きな強みなのです。

2〜3年先を見据えた「中長期保有」がベスト

　私は「割安成長株」を「中長期保有」するスタンスで運用しています。その理由は、大きく2つあります。

　1つは、あまりにも遠い先は見通せないからです。

　私は中長期投資といっても、20年とか30年という長いスパンを見据えているわけではありません。ビジネス環境が目まぐるしく変化するいま、そんな遠い先まで見据えることなど不可能です。

　私のいう中長期投資とは、多くが2〜3年程度です。このくらいのスパンなら、どんな銘柄が成長するかは、証券会社サイトで無料で読める「会社四季報」の情報や、各社のHPにある「IR情報」からでも十分に見通せます。

　世界ではAI（人工知能）やロボットによる自動化が進み、超高速大容量の通信規格「5G」の本格運用が開始されています。一方、国内では少子高齢化が急速に進んでおり、産業構造やビジネス環境が大きく変わろうとしています。

　このような環境では10年先など予測することができません

から、私は2～3年先の売上と利益を想像しながら割安成長株を選んでいるのです。

　銘柄を購入してからも、その先のさらに2～3年先の業績を想像しながら、継続保有するか、キリのいいところで売却するか考えるようにしています。

　2～3年先の成長シナリオが崩れなければ保有継続となり、結果的に10年前後の長期保有につながっている銘柄もあります。逆に、中長期投資といいながらも、短期で売却しないわけではありません。

　1～2か月で株価が思いのほか上昇したら利益確定することもありますし、悪材料が出て株価が下がったら、買って1週間後に損切りすることもあります。

　そこは投資家としての経験を踏まえて、あえて原理原則を決めずにケースバイケースで、臨機応変に対応しています。

「デイトレード」や 「スイングトレード」を やってはいけない

　中長期保有をしている2つめの理由は、短期の値上がり益狙いの「デイトレード」や「スイングトレード」は、私のようなサラリーマン投資家には向かないからです。

　デイトレードとは1日のうちに取引を終わらせる投資で、スイングトレードとは数日から数週間で取引を終わらせる投資です。

　いずれも株価の動きをグラフ化した「株価チャート」から上昇トレンドと下降トレンドを瞬時に読みとり、「安く買って、高く売る」または「高く売って、安く買い戻す」ことを短期で繰り返して儲けを得ようとします。

　日中に仕事をしているサラリーマン投資家は、プロの投資家のように株価チャートに張りついているわけにはいきませんから、手を出そうにも出せないのが実情です。

　サラリーマンでも株式投資を始めたばかりで投資意欲がとくに高いときは、平日に休みがとれたら株価チャートに張りついてデイトレードしたり、夜間にFX（外国為替証拠金取引）や暗号資産（仮想通貨）など投機的なハイリスクの金融取引にも挑

戦してみたり、いろいろと手を出してしまいがちです。

しかし、あれもこれもと手を出すより、サラリーマンを続けながら長く続けられる投資法にじっくり取り組んで、経験値を積み重ねたほうが、投資成果に結びつきやすくなります。

　だから私は、サラリーマン投資家の資産形成には、「割安成長株への中長期投資」に絞って極めようとするスタンスがベストだと思って、続けているのです。

「現金買付余力」として手元資金の半額は残しておく

　以前、ブログのネタを募集したところ、次のような質問をいただきました。

「これまでの投資経験を活かして、あらためて元手100万円で株式投資を始めるとしたら、どのような投資手法をとるか？」という質問です。

　この質問に答えてみましょう。

　前述のように、私は2002年10月に元手100万円で株式投資をスタートしたのですが、投資先の1つであるサイゼリヤ株が、不祥事の影響でみるみる値下がりしました。

初心者で損切りする勇気がないまま、逆に買い増し（ナンピン買い＝114ページ参照）して元本100万円では足りなくなり、最終的には250万円をつぎ込むという失敗をしました。

そんな苦い経験を踏まえて、あらためて元本100万円で株式投資を始めるとしたら、ひとまず投資は半額の50万円にとどめ、50万円は「現金買付余力」として残しておきます。

現金買付余力があると、有望な"格安成長株"が出てきたときや、先行き有望な保有株をさらに買い増したいときに活用できます。

また、保有株が値下がりした際、証券口座の資産の減少を軽減できます。

株式投資の初心者は銘柄選びも売買タイミングもつたない状況ですから、私と同じように大半は損失からのスタートとなるでしょう。

損をするなら傷が浅いほうがいいですし、何度か損をしても大丈夫なようにしておいたほうが無難です。

　10万円から始めるなら勉強のつもりで全額投資するのもアリですが、もともと余裕資金だからといって一度に全額投下するのではなく、あらかじめ枠を決めて現金買付余力を残すようにしてください。

株式投資は「鈍感力」も大事！

　株式投資を始めた頃は、保有株がちょっと上昇すると、利益確定してしまったり、買った翌日に株価が下がったら、すぐ損切りしてしまったりと、短期的な投資行動を起こしてしまいがちでした。

　株式投資の典型的な失敗パターンは、「損切りは遅く、利益確定は早い」ということです。株式投資は少しの利益、少しの損失で売買していると、資産をジリジリと減らしていく結果になりがちなのです。

　含み損を抱えても「そのうち反転して値上がりしてくれるだろう」と根拠のない期待から、保有株を塩漬けして含み損をさらに大きくしたりするくせに、ちょっとでも含み益が出ると「儲

かってるうちに売ろう」と、その後もっと伸びる可能性のある株でもすぐに利益確定してしまう。

　これでは損切りしたマイナスを補いつつ、資産のプラスを大きくしていくことは難しいのです。

　正しくは「損切りは早めに、利益確定は遅めに」して、「損失は最小限にとどめ、利益は最大化する」（私はこれを「損小利大」といっています）ということなのです。

　日常生活では1万円を損したらおおごとです。いや、千円札1枚でも落としたら、1日中ブルーな気持ちになるでしょう。

　でも、株式投資の世界では数万円の損得に動じない「鈍感力」を身につけないと、資産を増やしていけません。

　この鈍感力は、株式投資を続けながら実際に株価の上げ下げを日々経験していくことで身についていきます。まずは10万円からでいいので株式投資を始めてみないことには、この鈍感力が育たないのです。

　私はこれまでの株取引で、ときにサラリーマンとしての月収を上回る利益を出し、ときに同様の損失を出しています。

　投資を始めた当初こそ、保有株の含み損益の日々の変動にビクビクしていましたが、経験を積んで鈍感力が身についたいまでは、よほどのことがない限り平常心を保てるようになっています。

私はサラリーマンとして得た給料は無駄使いしないように気をつけていますが、投資資金は別腹（別の財布）で、日々の生活費とは桁の違うお金を動かしています。

　「日々の生活はサラリーマンで稼いだお金でまかなえているから大丈夫。投資資金はあくまで別腹」と割り切れるようになってから、投資成果が出てきました。

初心者は余裕資金で 「10万円真剣勝負」

　株式投資未経験の初心者は、ひとまず余裕資金10万円を別腹で用意しましょう。

　いまは1銘柄を数万円から購入できるようになっています。

　10万円を用意したら証券会社に口座を開いて入金します（私は現在、SBI証券をメインで利用しています）。

　45ページからのStep2で説明する内容をベースに、「この会社の株は伸びるんじゃないか！」という割安成長株を1銘柄選んで、10万円分買ってみましょう。

　現金買付余力を残したいところですが、元手が10万円では少額すぎて難しいので、全額突っ込むのです。

　初めは売買タイミングが上手くつかめないので、勝率5割

でも損切りが利益確定を上回り、損益はマイナスのケースが多くなりがちです。それでも少額で投資を始めておけば、心が折れる前にコツがつかめるでしょう。

　たとえ 10 万円をすべて失ったとしても、サラリーマン投資家として毎月決まった給料が入ってくれば、また別腹の 10 万円を投資に振り分けられます。

**　緊張感を持って、「10 万円真剣勝負」をするうちに、確実に経験値が上がります。**

　場数を踏み、売り買いのタイミングがつかめるようになると、損切りで損失した額よりも利益確定額が上回るようにコントロールできるようになり、保有資産がプラスに転じるようになります。

　こうやって投資元本を 100 万円まで増やせたら、そこから「億り人」、その先の 2 億円への道が本格的に拓けるのです。

年利回り＋20〜25%で「億り人」を目指す

　私は資産 2 億円を目標に掲げて株式投資を始めた際、投資元本 250 万円から 2020 年までに 2 億円を達成するため、「平

均年利回り＋30%」という目標を掲げました。

　結果的には前倒しで、2019年に2億円を無事達成。その間の投資実績は、年利回りでみると次ページのようになります。

　あらためて振り返ると、「平均年利回り＋30%という高い目標設定をよく達成してきたな」と、われながら思います。

　出だしの3年間で目標を大きく上回るリターンを叩き出せたことが、トータルで見たときに平均年利回り＋30%を達成できた原動力になっています。

　かといって1億円、2億円という金額がサラリーマン投資家にとって実現できない途方もない目標かというと、そうではないと思います。

　私は投資元本250万円で取引記録をつけ始めて以降、妻との約束もあって株式投資のための追加入金を一切しなかったので、正直苦しい場面もありました。

　でも、余裕資金を追加で入金しながら元本を増やしていくようにすれば、私のような平均年利回り＋30%という高い目標設定でなくとも、年利回り＋20～25%といった比較的無難な目標でも「億り人」に近づけると思います。

年	実　績	利回り
2003	3,749,270	50%
2004	10,050,809	168%
2005	19,343,361	92%
2006	26,607,577	38%
2007	24,009,559	− 10%
2008	25,674,910	7%
2009	27,361,196	7%
2010	29,754,162	9%
2011	38,800,835	30%
2012	55,320,170	43%
2013	77,306,846	40%
2014	91,818,192	19%
2015	102,971,129	12%
2016	119,956,097	16%
2017	157,516,713	31%
2018	187,954,799	19%
2019	225,141,269	20%

最初「損」してから「儲ける」

株式投資はスタートしていきなり儲けられるものではなく、むしろ最初は損の繰り返しが当たり前です。

株式投資で儲かっている人は、最初から才能やセンスを持ち合わせていたわけではなく、私を含めて失敗を繰り返しながらも、諦めずに長く続けてきた人たちなのです。

私の経験では、投資を始めた当初は資産が一度マイナスになり、その後、投資元本をようやくとり戻し、その間につかんだコツで、そこから資産が徐々に右肩上がりになっていきます。最初から右肩上がりで資産が増えるのではありません。

2、3回損をしたくらいで、「株式投資は自分に向いていない」「自分には株式投資のセンスがない」なんて結論を出してしまうのは、もったいないと思います。その先にこそ、儲かるステージが待っているのですから。

私もそうでしたから、初心者がちょっと損をするとショックを受けるのはわかります。

損をあらかじめ覚悟していたとしても、それを冷静に受け止めて、資産を増やせるようになるまでには、多少時間がかかります。

儲けが出るまでの期間をいかに短くするか。それこそが本書の役割です（笑）。もう1つ大切なのは、1日でも早く株式投資を始めることです。

Step 2

「割安成長株」を
見つけるための
5つのポイント

3つのポイントで「割安株」をスクリーニングする

　このStep 2ではいよいよ、「割安成長株」の見つけ方についてお伝えします。株式投資は勘や好き嫌いではなく、「客観的データ」に基づいて行うものです。

　軸となる視点がないと、膨大な数の銘柄から「これだ！」と思うものを絞り込めません。ちなみに私の場合、各証券会社のHPなどにあって、いろいろな条件で自動的に銘柄を絞り込む「銘柄スクリーニング」を利用することはほとんどありません。

　まずは次の3つをベースに「割安株」の銘柄をざっと絞り込んでいきます。

私が「割安株」を絞り込む3つのポイント

❶ ブログやTwitter、マネー誌などで
　「割安」と書かれた銘柄

❷ 昨年・今年上場の「IPO（新規上場）」銘柄

❸「立会外分売」をする銘柄

それぞれざっと説明しましょう。

❶のブログやTwitterでは、さまざまな立場の投資家が自分の見解を発信しています。なかには自分の保有株の値上げを狙ったポジショントークもあるかもしれませんから、フォロワー数が多い有名な投資家がすすめている銘柄だからといって鵜呑みにせず、あくまで「割安株」をスクリーニングする手段の1つとしています。

❷のIPO（新規上場）株は、手っとり早く割安成長株を見つけることができますから、Step3で詳しく解説します。

❸の「立会外分売」とは、証券取引所の取引時間外に、企業が大量の持ち株を個人に売り出すことです。東証2部などから東証1部への指定変更で立会外分売をするケースがあります。TOPIX（東証株価指数）などのメジャーな指標に採用されることで買いが入り、株価が上昇することもあります。

5つのポイントで
「割安株×成長株」を
スクリーニングする

前項でお話しした3つのポイントでざっくりと割安株を絞り込んだうえで、今度は次の5つのポイントから、さらに「成長株」を絞り込んでいきます。

「割安成長株」を見つける
5つのポイント

❶成長性：
直近2～3年は「増収増益」か?

❷割安性：
「PER」が15倍以下か?（10倍に近いほうが望ましい）

❸安定性：
「配当性向」を30%以上公約しているか?

❹利回り：
「配当利回り」が3%以上か?

❺ビジネスモデル：
「ストック型ビジネス」を展開しているか?

　以上5つのうちすべて、もしくは3つ以上満たしている銘柄を買っておけば大きく外す確率は低いです。

　それでは、それぞれについて詳しく説明していきましょう。

❶成長性
直近2～3年は「増収増益」か?

　成長性をはかるのは、シンプルにその会社の業績が増収増益かどうかです。ただし、直近1年だけだと"まぐれ好業績"の可能性もありますから、少なくとも直近2～3年は増収増益かをチェックします。

　ブログやTwitter、マネー誌などで「業績好調」と派手に推奨されていたとしても、その情報を自分で調べもせず、鵜呑みにしてはいけません。

　前述したように、ブログやTwitterの情報には自分の保有株の値上がりを狙った利益誘導的なポジショントークである可能性があります。

　後悔しないためにも、株主・投資家向けのIR情報などで、直近の業績動向について必ず「自分の目」で確認するようにしましょう。

❷割安性
「PER」が15倍以下か？（10倍に近いほうが望ましい）

　PERについては、28ページで触れました。株価を1株あたりの当期純利益で割って求められ、「数値が低ければ低いほど割安」とされる指標でしたね。平均はPER15倍くらいとされていますが、PER10倍以下を割安の基準にします。

　お目当ての会社のPERは、「会社名」と「PER」でキーワード検索すれば、すぐに見つかりますし、「決算短信」や「会社四季報」からも簡単に算出できます。

　増収増益が続いて、1株あたりの純利益が増えてくると、PERが下がり（割安になり）ます。すると、多くの投資家がPERを参考にしていますから、その会社の株が買われやすくなって、株価の上昇が見込めるようになります。

　ただし、次のようなケースには注意が必要です。

　景気と業績が連動しやすい人材派遣銘柄や、円安の恩恵を受けやすい輸出関連銘柄は、好景気や円安の局面で純利益が2〜3倍にも増加することがあります。

「PER = 現在の株価 ÷ 1株あたりの当期純利益」ですから、その時点ではPER10倍以下で割安に見えたりします。

　ところが、こうした銘柄は買った瞬間には割安であったとしても、景気後退や円高の局面に入った途端、純利益や株価が一気に2分の1とか3分の1に急落してしまうケースもありますから要注意なのです。

　では、どうしたらよいのでしょうか？

　過去の業績に照らして純利益が安定的に増えており、なおかつPER10倍以下の銘柄を探すようにするといいです。

　景気によって株価が大きく上下する人材派遣銘柄や輸出関連銘柄は、景気の底でうまく仕込めたら、その後の景気回復局面で純利益が2〜3倍に増加して、株価も2〜3倍になるという嬉しい展開も大いにあり得ます。

　このような"景気敏感株"は景気回復局面や好況期ではなく、不況期が投資のチャンス。新型コロナショックの影響によって不況期が訪れたとすれば、景気敏感株を狙いに行くのもアリだと思います。

　一方、PERには次のような問題点もあります。

1株あたりの当期純利益は、「特別利益」「特別損失」が発生しているケースや、法人税が減免されているケースでは、PERが計算上割安になったり割高になったりして、本来の割安度が正しく算出できないことがあります。

そのためには、インターネットなどで過去から今期にかけての純利益（税引後利益）の推移をチェックして、今期の純利益ベースでのPERが適切か（不自然な推移でないか）どうかを確認しておくといいです。

また、不況期の局面では企業の純利益は減少し、場合によっては赤字に転落することもあります。1株あたりの純利益が半分になれば、PER10倍で割安だと思っていた銘柄が、一気にPER20倍と割高になってしまい、株価が急落するケースも考えられます。

赤字になると、PERでは適正な株価を算出できなくなります。

とはいえ、PERはいちばんわかりやすい指標なので、まずは活用してみましょう。細かいことは活用しながら身につけていけばいいです。

なによりPERを活用し続けたからこそ私の成功がありますから、PERを目安にするのは間違ってはいないと思います。

❸安定性
「配当性向」を30%以上公約しているか?

「配当性向」とは、純利益から「配当金」をどのくらい支払っているかを示すパーセンテージ（%）のことです。

　配当金とは、会社が稼いだお金（利益）の一部を株主へ配分する現金のことで、「1株あたり10円」などと表されます。

　配当性向は、次の式で計算されます。

$$配当性向(\%) = \frac{1株あたりの配当額}{1株あたりの当期純利益} \times 100$$

ひと言でいうと、「会社が1年間で稼いだ利益を株主にどれ

くらい還元しているか」を示す指標が配当性向です。

　決算説明資料や個人投資家向け説明資料で、公約として掲げ
ているケースが多いです。これもネットで「会社名」と「配当
性向」でキーワード検索すれば、すぐに見つかります。

　**配当性向は、高ければ高いほど、株主に配当を支払っている
ということを意味します。仮に「配当性向100%」とすると、
当期純利益をすべて株主に還元していることになります。**

　配当性向30%などと公約している銘柄なら、増収増益に比
例して配当金が増加することになります。高い配当利回りを掲
げることが株価の下支えとなり、株式相場全体が下落傾向に
あっても、株価は下がりにくいです。

　**私の経験では、配当性向30%以上を公約している会社は、
投資した後、業績も株価も右肩上がりとなって、よい結果につ
ながったケースが数多いです。**

　配当性向を公約するということは、「減益決算となったら配
当金が減ります」と公約していることでもあります。

　一方、稼いだ利益を株主への配当に回すのではなく、企業が
成長するための「先行投資」に回せば、配当性向が低くても、
将来的に業績が拡大する可能性だって考えられます。

　**それでも明確に配当性向を公約している会社は、事業成長に
自信を持っていると前向きにとらえることができるのです。**

　配当性向30%以上だと日々の相場の値動きに右往左往せず、

「この銘柄は中長期でみると値上がりするだろう」と安心して
株式を保有できます。

❹利回り
「配当利回り」が3%以上か?

「配当利回り」とは、購入した株価に対して、1年間でどれだ
けの配当金が受けとれるかをパーセンテージ（%）で示したも
のです。次のような式で計算します。

$$配当利回り（\%） = \frac{1株あたりの年間配当金額}{株価} \times 100$$

これも「会社名」と「配当利回り」でキーワード検索すれば、簡単にチェックできます。

　私は資産を増やすために株式投資をしていますから、株価の値上がり益を期待して投資しており、配当金や配当利回りを期待しているわけではありません。それなのにチェックするのは、高い配当金や配当利回りが株価の下支えになるからです。

　ただし、株価が下落した銘柄は計算上、配当利回りが高くなります。業績不振で株価が急落した銘柄は「割安株」ではあっても「成長株」とはいえません。

　そこで「❶直近2〜3年は『増収増益』か？」を合わせて確かめるようにするのです。

❺ビジネスモデル
「ストック型ビジネス」を展開しているか?

　世の中には「フロー型ビジネス」と「ストック型ビジネス」があります。

　フロー型ビジネスとは、飲食業や小売業のように、その都度、商品を販売したり仕事を請け負ったりするビジネスですが、景気や流行で業績が変動しやすいリスクがあります。

　ストック型ビジネスとは、携帯電話、電気、ガスのように安定して継続的な収入が得られるインフラビジネスが代表例です。もっとも、これらの銘柄はNTTドコモや東京電力、東京ガスのように大型株がほとんどで、市場がすでに成熟していることもあり、株価の高い成長性は見込めません。

　ストック型ビジネスで「割安成長株」の代表例になるのは、月払いや年間契約でサービス提供して安定的に継続的な収益を見込める会社です。

　具体的には、ホームセキュリティ、不動産管理、マンション向けの光ファイバー網、ウォーターサーバー、中古車ローン、BtoBで企業向けのサービスを手がける会社などです。

　ストック型ビジネスのスポーツクラブは、新型コロナウイルスの蔓延で逆風が吹きましたが、健康志向自体はこの先も変わ

らないと思います。

　こうしたストック型ビジネスであれば、フロー型ビジネスのように売上が急減するリスクが少なく、株式の中長期保有に適しています。

　私自身、2005 年くらいまでは割安性と成長性ばかりに気をとられ、ビジネスモデルを無視して不動産バブルに踊り、低PER の新興不動産銘柄ばかりを買っていました。

　幸いにも不動産バブルが弾ける前に売り抜けられたのですが、当時保有していた新興不動産銘柄はストック型ビジネスではなく、ライブドアショック以降は業績が伸び悩み、リーマンショックで倒産してしまった会社もあります。

　こうした経験もあり、私はストック型ビジネスであることを重視して投資するようになったのです。

　あとはストック型ビジネスで業績好調な銘柄を、いかに安く買えるかがポイントになります。

　今回の新型コロナショックのような大暴落に限らず、年に 1 回か 2 回は株式市場が調整局面に入るタイミングがあります。

　私の経験上、いいと思った銘柄が直近で株価が上昇している場合、そこで慌てて買ったりしないで、年に 1 回か 2 回ある調整局面で、買いたいと思える株価水準に下がるまで辛抱強く待つことをおすすめします。

経営トップのインタビューで 数字に表れないことも読む

私は銘柄選びをする際、数字で表せる「定量的」なデータだけでなく、数字では表せない「定性的」な情報も、その会社の株価の成長性を推し量る判断材料にしています。

48ページの定量的な5つのポイント以外にも、私が「割安成長株」を見つける判断材料にしているのは、定性的な社長インタビューの動画です。

社長インタビューは、個人投資家向けのインターネット配信サイト『ストックボイス』（www.stockvoice.jp）で視聴して、投資判断の材料にしています。

**『ストックボイス』（www.stockvoice.jp）で
社長インタビューを視聴して投資判断に活かす**

　先日、買収した会社の株を売却して利益を得る投資ファンドの「出口戦略」で上場した、ある企業の社長インタビューを視聴しました。

　そこでは外部から招聘されたプロ経営者の社長が、自社事業の足元の経営数値について説明したうえで、従業員の生産性をどのように引き上げて、増益につなげていくのか、数値的な根拠も提示しながら説明していました。

　私はこの社長の説明を視聴しても、投資したいという意欲がまるで湧いてきませんでした。なぜなら、経営トップが、売上高、利益率、販管費率（売上高に占めている販売管理費と一般管理費の比率）の実績や推移など、数字ばかりで自社の魅力を語

ろうとしていたからです。

　その会社の大株主が投資ファンドや機関投資家であれば、定量的なデータをベースに「数字で説明せよ」「数字しか信用しない」というカルチャーが築かれるのかもしれません。

　投資ファンドや機関投資家では、基本的に数字に現れない定性的な情報によって、投資判断をすることはないからです。

　しかし、私としては、経営トップが数字以外で事業の成長性を熱く語っていたり、インタビューの受け答えなどから人間的魅力みたいなところを感じたうえで投資をしたいのです。これは投資ファンドや機関投資家とは違って、すべてを自己判断で意思決定できる個人投資家にしかできない強みといえます。

　余談ですが、サラリーマン投資家にとっては、経営トップが語りかける動画を観ることは、日々の仕事にも役立ちます。投資家にわかりやすく語りかける姿は、視点を替えると営業トークや効果的なプレゼンにも応用できるからです。

テンバガー（10倍株）も社長インタビューがきっかけだった

私は2019年8月、近畿地方を中心に介護つき有料老人ホー

ムを展開する「チャーム・ケア・コーポレーション（6062）」
の全株式を利益確定しました。2012年に購入して、7年間保
有していた銘柄です。

　2012年当時、同業の「メッセージ（現SOMPOケア）」（2017
年1月に上場を廃止し、SOMPOホールディングスの完全子会社化）
という会社も上場していました。メッセージの時価総額は約
500億円でPER20倍程度でしたが、チャーム・ケア・コーポレー
ションの時価総額は20億円弱でPER10倍程度でした。

　両社とも介護つき有料老人ホームという「ストック型ビジネ
ス」を展開しており、有料老人ホームを拡大すればするほど、
売上も利益も伸びるビジネスモデルです。

　チャーム・ケア・コーポレーションの株式を保有し続ければ、
いずれ株価も10倍、20倍と上がり、メッセージ並みの時価
総額になるだろうと想像して、長期保有し続けてきたのです。

**　その読みがズバリ的中し、10倍株（テンバガー）を達成した
のです。**

　テンバガーとは、野球で1試合10塁打することを意味して
おり、そこから株価10倍に跳ね上がる銘柄のことをいいます。

　2012年当時、介護関連株は制度改正の不安定リスクを抱え、
投資対象としては不人気業種でした。その一方で、団塊の世代
が75歳になり、医療や介護などの社会保障費が急増する「2025
年問題」に向け、介護市場の拡大が見込まれていました。

資産2億円に導いた10倍株（テンバガー）

チャーム・ケア・コーポレーション（6062）

上場 2012年4月27日 大証JASDAQ（現・東証JASDAQ）

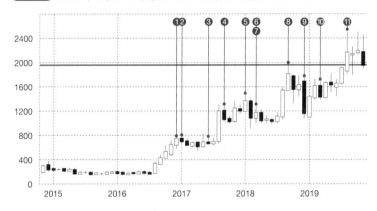

購入
2012年 8月 3,300 株
2013年 2月 700 株
2014年 6月 600 株
2014年 9月 1,300 株
（合計5,900株）

利益確定
❶2016年12月 株式分割（5,900 株→ 11,800 株）
❷2017年 1月 3,800 株（利益9,380,000 円）
❸2017年 6月 株式分割（8,000 株→ 16,000 株）
❹2017年 9月 2,000 株（利益4,481,006 円）
2017年利益確定 13,861,006 円
❺2018年 1月 2,000 株（利益4,466,254 円）
❻2018年 3月 （東証2部へ市場変更）
❼2018年 3月 株式分割（12,000 株→ 24,000 株）
❽2018年 9月 4,000 株（利益7,127,208 円）
❾2018年12月 （東証1 部へ市場変更）
2018年利益確定 11,593,462 円
❿2019年 3月 10,000 株（利益13,648,426 円）
⓫2019年 8月 10,000 株（利益22,693,180 円）全株売却
2019年利益確定 36,341,606 円

通算利益確定 61,796,074 円

含み益が出ても
すぐに売らず
利益を最大化！

私はチャーム・ケア・コーポレーションの社長インタビューの動画を視聴して、その内容に共感したことが決定打となって同社の株を購入、その後も3回買い増しました。

　インタビュー動画で同社社長は、「介護事業の中で施設介護をやろうと思った理由は、不動産賃貸と同じビジネスモデルであり、入居者を集めて一定の稼働率を維持できればストック型ビジネスになるからだ」と語っていました。

　初めのうちは、老人ホームの新設にともなう先行投資で、利益が満足に出せない状況が何年も続いていました。しかし、ストック型ビジネスは施設数が増えてくれば、いずれ増収増益に転じるはずと、強気に保有し続けました。それが功を奏したのです。

　経営者のインタビュー動画からは、決算説明資料などのIR資料からでは読みとれないような業界の情報や事業の競争優位性をつかむことができます。

　ネットで「会社名」「社長名」「インタビュー」などのキーワード検索をしてみると、興味深い社長インタビュー動画が発掘できることもありますから、ぜひお試しください。

　なお、銘柄選びでは、48ページの5つのポイント以外にも、次のような指標でクロスチェックすることもあります。

❶通期業績見通しに対して中間決算時の業績進捗率が50%以上か？

業績の季節変動が大きい事業を手がける会社は別として、中間決算時に業績進捗率が50%以上であれば、通期見通しを達成できる可能性が高く、業績が順調に推移していると見ます。逆に業績進捗率が50%に満たないと、下半期のどこかで通期見通しの下方修正を発表する恐れがあります。そうなると株価が下落することもありますが、決算短信や決算説明資料を確認して、業績の未達理由に納得できる説明があれば問題なし。むしろ割安株と判断して投資します。

❷直近で株価が急騰していないか？

株価が急騰すると利益確定したい投資家の売りで、株価が調整（下落）することが多いです。そのため、株価が急騰しているときは深追いせず、下落してくるのを待つくらいのほうが安全です。なかなか値下がりせず、買うタイミングを得られなかったら「縁がなかった」とすんなり諦めます。

❸中期経営計画のある会社か？

中期経営計画があると、その会社の2～3年後の成長イメージをつかみやすいです。ただし、数値目標に対する達成根拠がきちんと書かれているかをチェック。その説明に納得できるなら投資します。

「信用取引」に手を出さない

私は兼業のサラリーマン投資家でありたいと思っています。それだけに株式投資は余裕資金の範囲内でやると決めています。

だからこそ、身の丈に合わない「信用取引」には手を出してきませんでした。信用取引とは、証券会社に担保として「証拠金」を預け、その金額の最大3.3倍（ネット取引では約2.85倍）の株式を取引できるもの。証券会社は「少ない資金でより大きな利益を狙えます」と信用取引のメリットを強調しますが、裏を返すとそれだけ大きな損失を抱えるリスクもあるということです。

加えて信用取引では、預けている証拠金が一定の水準を下回ると不足分の証拠金を追加で差し入れなくてはならない「追証」というルールもあります。

私が資産を大きく増やした2003～2006年は、新興市場の株価が大きく上昇し、信用取引を利用しての含み益が1億円を超えた投資家が数多く生まれました。そこでセミリタイアした後の暮らしの夢を熱く語っていたブロガーも多かったのですが、その多くの更新が止まり、以後、消息不明となってしまいました。

私はリーマンショックの影響で最大900万円の含み損を抱えたタイミングもありましたが、仮に信用取引を手がけていたら、そこに至る前にその何倍もの損失を抱えて資産をすべて吹っ飛ばし、株式市場から退場していたでしょう。

Step 3

手っとり早く
「割安成長株」を
見つけるなら
IPO銘柄

IPO銘柄は最小の労力で
資産を増やす"手抜き投資術"

　「割安成長株」を見つけるためのポイントについてお話ししましたが、その条件にマッチする銘柄のなかでも、とくにおすすめなのは、「IPO（新規上場）」銘柄への投資です。

　IPO銘柄への投資は、さほど時間をかける必要がない"手抜き投資"でありながら、通常の株取引と比較してローリスク＆ハイリターン。大きく儲けられる"宝の山"ともいえます。

　私は株式投資を始めてしばらくは、IPO銘柄への投資だけで600万円以上もの利益を上げることができました。

　2020年現在、大きな含み益をあげる保有10銘柄の大半もIPO銘柄です。

　とはいえ、**「そもそもIPOってなに？」「どうやったら投資できるの？」**といった基礎的な疑問もあるかと思います。

　そこで、まずは基礎の基礎から、IPO銘柄で儲けるためのテクニックをお話しすることにします。

そもそも
IPOってなに?

　IPO とは（Initial Public Offering）の略称で、日本語で**「新規**
上場」「新規株式公開」ともいわれます。

　創業したばかりの会社は、創業社長などごく少数によって株
式が保有されていますが、未上場だと株式市場で取引できない
ため、一般に株式が出回りません。売り手と買い手が当事者同
士で価格や売買数量を決める「相対取引」しかできないのです。

　しかし、会社が順調に業績を伸ばして IPO（新規株式公開）
をすると、その会社の株式は、たとえば JASDAQ やマザーズ
など上場した証券取引所の市場で取引できるようになり、私た
ちのような個人投資家でも売買できるようになるわけです。

　多くの経営者が IPO を目指しますが、そもそも、なぜ IPO
するのでしょうか?

　もちろん、会社にメリットがあるからですが、それは大きく
次の3つがあげられます。

IPOの3つのメリット

❶「資金調達」の幅が広がる

❷会社の「信用度」が高まる

❸会社の「知名度」が高まる

それぞれについて、簡単に説明しましょう。

❶「資金調達」の幅が広がる

　IPOをしていない会社が必要な資金を調達する場合、自己資金がなければ、経営者の個人保証や担保を差し出しての銀行融資に頼らざるを得ません。

　銀行は預金者から預かったお金を会社に貸すので、銀行融資は「間接金融」とも呼ばれます。

　ところが、IPOをすると株式市場から直接、必要な資金を調達できるようになります。そのため、株式市場は「直接金融」とも呼ばれます。

　上場した会社が資金を必要とするなら、株式を追加発行して、一般投資家や機関投資家、投資ファンドなどに売ることで、株式市場から直接、資金調達ができるのです。

　株式を追加発行して、一般投資家などを対象に株主（株式の購入）を募集することを「公募増資」といいます。

❷会社の「信用度」が高まる

　IPOにあたっては、証券取引所、IPOを支援・指導する証券会社（幹事証券会社）、監査法人などによって厳しく審査されます。また、IPO後も定期的に財務や決算の情報開示が義務づけられます。

　未上場企業には、そうした厳しいルールはありませんから、結果として上場企業は、取引先や金融機関を始め、広く一般にも信用度が高まります。そのぶん、人材の新規採用も行いやすくなります。

❸会社の「知名度」が高まる

　株式を公開すると、一般投資家がその会社のことを知る機会が増えます。

　また、株主優待や配当金の設定によって一般投資家の関心が高まれば、さらなる知名度の向上にもつながり、ビジネスを優位に展開できるようになります。

IPO銘柄にはどうやって投資すればいいの?

次に IPO 銘柄への投資法についてお話しします。大まかな流れは以下のとおりです。

Step 1 上場の承認

上場を希望する会社が、それを受け持つ証券取引所から上場を承認されます。

Step 2 仮条件の決定

IPO には「幹事証券会社」と「引受証券会社」が関わります。

幹事証券会社は、IPO で公募・売り出しされる株式の大半を引き受けて、投資家向けに販売するだけでなく、株式公開の準備をサポートしたり、上場後の資金調達を支援したりして、IPO 企業を全面的にバックアップします。

幹事証券会社が複数ある場合、中心となる証券会社を「主幹事証券会社」と呼びます。

　幹事証券会社以外で、IPO で公募・売り出しされる株式を引き受けるのが引受証券会社です。こちらは IPO が終われば、業務が終了します。

　幹事証券会社のもっとも大切な役割は、上場にあたって公募増資される株式と、既存株主から売り出される株式の価格帯を提示することです。

　幹事証券会社が仮条件を決定し、「仮条件は 1 株○万円〜△万円」と提示されます。

Step 3 ブックビルディング
（個人投資家などの需要積み上げ）

　IPO の幹事証券会社に口座開設をしている投資家は、仮条件で提示された価格帯で、購入希望の「価格」と「株数」を証券会社に申告します。

　人気が殺到している銘柄では、価格帯上限の価格で申し込んでいる投資家から抽選で株式の割り振りが決まります。

Step 4 公募・売り出し価格（公開価格）の決定

　ブックビルディングの締め切り後、株式の公募・売り出し価格（公開価格）が決定されます。IPO 銘柄には人気が集中するため、仮条件で提示された上限価格がそのまま公開価格となるケースが多いです。

Step 5 株式購入の申し込み

　証券会社はブックビルディングをした投資家から、株式の割り振りを決定します。

　割り振りに当選した場合、株式購入の申し込みをする必要があります。この作業を忘れるとキャンセルや辞退とみなされますから、意外と要注意のポイントです。

Step 6 上場

　購入した株式は、上場日から売却できます。

　一方、ブックビルディング期間に購入の申し込みをしたものの、残念ながら購入できなかった（落選した）投資家や、そのほかの投資家は、この日から株式を購入できるようになります。

IPO投資は
なぜ儲かるの?

　全体的な流れをつかんだところで、そもそもなぜIPO銘柄への投資が儲かりやすいのか、お話ししましょう。

　結論からいうと、上場日以降の株価が、ブックビルディングによって決定した株価（公開価格）よりも高くなることがほとんどだからです。

　IPO銘柄を手に入れ、上場日以降売却すれば、その差額が容易に利益として得られます。

　その理由は大きく4つあります。

❶ 成長株であることが多い

　IPOをするのは、基本的に増収増益で業績を伸ばしており、成長性が高い会社です。

　しかも、証券取引所や証券会社、監査法人などの専門家による審査を経ていますから、「IPO銘柄＝成長株」という信頼度が高いのです。

❷ 仮条件の価格帯が同業他社の 　上場企業の株価と比べて割安

　IPOにあたって幹事証券会社は、公募増資や売り出しによる株式を大量に引き受けるため、株式が売れ残らないように、割安に価格設定する傾向があります。

　このため、上場日以降の株価は、ブックビルディングによって決定した株価（公開価格）より高くなりやすいのです。

❸ 売りたい人より買いたい人のほうが
　多く株価が上がりやすい

　IPOをする会社のほとんどは、株主が創業者や親会社などごく少数に限られます。そんな大株主は、上場から一定期間の株式売却を制限される「ロックアップ」を契約するケースがあります。

　IPOしたばかりなのに、株式の売却益を得ようと大株主から大きな売りが出てしまうと、買い手より売り手が増えて需給バランスが崩れ、株価が大幅に下がるリスクがあるからです。

　ロックアップの期間は90〜180日、もしくは株式が公開価格の1.5倍を上回ると解除される設定が大半です。

　その間、IPOした会社の株式は、上場済みの会社の株式と比べて、株主数も発行済み株式数も少ないため、株式の売り手が少なく買い手が多い状態になるので、株価が上昇しやすくなるのです。

❹ 投資家の注目が集まって
　上場日に買いが入りやすい

　❶から❸の事情もあり、IPO銘柄は上場日に買いが集中して株価が吊り上がりやすく、ブックビルディングで手に入れたIPO銘柄は、1株で数十万円〜100万円以上の差益をもたらすこともあります。

　私が 2006 年にマネックス証券のブックビルディングで手に入れた「比較 .com（現・手間いらず）」(2477) の株式は、上場日に売却するだけで 225 万円もの差益を得ました。

ブックビルディングで当選確率を上げる証券会社の選び方

　証券会社が引き受けた株式はブックビルディング後、抽選や過去の取引状況などに応じて投資家へ配分されます。

　値上がり益が大いに見込めるため、IPO のブックビルディング(個人投資家などの需要積み上げ)への申し込みが殺到するケースが後を絶ちません。

　人気が過熱した結果、ブックビルディングをしても 100 人に 1 人とか、1000 人に 1 人といった確率でしか当選しない(購入できない)といったケースも出てきています。そこで、当選確率を上げるための工夫が必要になってきました。

　IPO のブックビルディングで当選確率を上げるためには、いつも株式を売買している証券会社とは別の証券会社に、口座を開設することをおすすめします。「IPO 銘柄用の証券口座」を開設しておくということです。

その際、以下の4つのポイントをおさえてください。

❶ IPOの引受数の多い証券会社を選ぶ

IPOの引受数が少ない（まったくない）証券会社に口座開設をしても、IPO銘柄は手に入りません。

IPOの主幹事証券会社は、IPOで公募・売り出しされる株式の大半を引き受けるため、主幹事証券会社で証券口座を開設して、IPOの抽選に参加すれば、必然的に当選確率は高くなります。

IPO主幹事引受数ランキング

順位	証券会社名	IPO主幹事引受件数	占有率
1	SMBC日興証券	20件	24.39%
2	大和証券	20件	24.39%
3	野村證券	17件	20.73%
4	みずほ証券	12件	14.63%
5	SBI証券	6件	7.32%
6	三菱UFJモルガン・スタンレー証券	4件	4.88%
7	東海東京証券	3件	3.66%
8	いちよし証券	1件	1.22%
合計		83件	

順位	ネット証券会社名	取引銘柄数	関与率
	ネット証券のIPO取扱銘柄数ランキング		
1	SBI証券	82件	100.00%
2	マネックス証券	45件	54.89%
3	岡三オンライン証券	37件	45.12%
4	楽天証券	27件	32.93%
5	auカブコム証券	24件	29.27%
6	松井証券	21件	25.61%
7	DMM.com証券	17件	20.73%
8	ライブスター証券	5件	6.10%

[出所] MONEY TIMES　いずれも2019年1月〜2019年12月
https://moneytimes.jp/investment/detail/id=2038

❷ 個人投資家に有利な株式の配分をしている 証券会社を選ぶ

　割り振りを抽選で公平に行う証券会社を選ぶようにしましょう。取引状況によっては、当選確率に差をつける証券会社もあるからです。

❸ IPOの引受が多いわりに 口座開設者数が少ない証券会社を選ぶ

　口座開設者（利用者）の少ない証券会社ほど当選確率が上がります。そのため、あえて大手の証券会社以外にも口座を開設しておくといいです。

❹ 主幹事を引き受ける可能性がある　証券会社を選ぶ

　主幹事証券会社には、「公募増資」と「売り出し」を合わせた公開株式の50%以上が割り当てられるケースが多いです。そのため、主幹事になることが多い証券会社に口座開設しておくと、当選確率は上がります。

　なお、ブックビルディングでは、証券会社に口座開設をしているだけでは抽選の対象になりません。証券口座にお金を入れておく必要があるのです。

　新たなIPOのたびに証券会社間で資金移動するのは、手間もコストもかかりますから、資金的な余裕があれば、IPOのブックビルディング用に開設した口座には、つねに必要になりそうな資金を入れておくと便利です。

IPOブックビルディングの
3つの抽選方式

　IPOのブックビルディングには、以下の3つの抽選方式があります。

❶「完全平等制」

完全平等制は、投資家1人あたり1口で機械的に抽選をします。そのため、投資家が当選する確率は平等になります。

❷「ステージ優遇制」

ステージ優遇制は、預かり資産残高などに応じて設定されたステージで当選確率が変化します。

たとえば、SMBC日興証券では、

①抽選票数1票のブロンズ

（新規口座開設3か月 or 預かり残高250万円以上 or 信用取引の建玉残高250万円以上）

②抽選票数5票のシルバー

（預かり残高1000万円以上 or 信用取引の建玉残高1000万円以上）

③抽選票数15票のゴールド

（預かり残高3000万円以上 or 信用取引の建玉残高3000万円以上）

④抽選票数25票のプラチナ

（預かり残高5000万円以上 or 信用取引の建玉残高5000万円以上）

——という4つのステージがあります。

「信用取引の建玉残高」とは、信用取引の取引約定（売買成立）後に残っている未決済金額のことです。

❸「ポイント加算制」

ブックビルディングに申し込んで外れてしまってもポイントを獲得できて、ポイントの多い人から順番に当選します。ポイントを使って外れてもポイントは戻ってきます。ポイントに有効期限はなく、無期限で貯められます。

IPOブックビルディングで
おすすめの3つの証券会社

以上を踏まえて、私がおすすめする証券会社を3つ紹介しましょう。

❶ マネックス証券（完全平等制）

ブックビルディングの配分を資産や取引状況に関係なく平等に抽選する完全平等制なので、個人投資家に有利です。
前述した「比較.com（現・手間いらず）」のIPOでは、主幹事だったマネックス証券への割り当てが4000株もあったので、口座開設していた多くの投資家が、私と同じように200万円以上の差益を手にしたと思われます。

❷ SBI証券（ポイント加算制）

　ネット専業証券会社としてダントツ1位の口座数を誇るため、人気が高すぎて、現在はブックビルディングでなかなか当選しない状況が続いています。

　しかし、外れるたびに「IPOチャレンジポイント」が加算されるので、そのぶん当選確率が高まります。

❸ 野村證券（完全平等制）

　国内IPOの引受実績で高い占有率であり、オンライン抽選では完全平等制をとっているので、個人投資家に有利です。

現在は「SBI証券」と「野村證券」の2社に集約

　私自身、株式投資を始めてしばらく経った2005年頃、IPOブックビルディングへの応募のため、複数の証券会社に口座を開きました。

　それはそれで成果を残せたのですが、複数の口座に資金を分

散させるのが面倒になり、**現在は「SBI証券」と「野村證券」の２口座に集約しています。**

　SBI証券はIPO銘柄をたくさん扱っており、ブックビルディングに関してポイント加算制で抽選し、公平な配分をしています。しかし、あえて細かい話をすると、法人顧客にもIPO銘柄を配分しており（配分比率は非公開）、１法人あたりで個人投資家の10倍の株式数を配分しています。

　また、SBI証券はネット証券では個人投資家がもっとも多い証券会社であり、SBI証券で当選するのは、残念ながら難しくなってきました。

　そのため私は、野村證券のネット口座でもIPOブックビルディングに応募しているのです。

　野村證券のIPO銘柄の配分も、機関投資家や各支店の顧客向けに配分したうえで、個人投資家向け配分量の10%以上をネット口座向けに割り当てているようです（実際の配分比率は非公開）。

　ネット口座に配分される株式数はSBI証券より少なそうですが、野村證券でネット取引をしている口座数は、SBI証券と比べてかなり少なそうなので、当選確率はSBI証券より高いのではないかと秘かに期待しています。

IPO投資の2大タイミング
①ブックビルディングはローリスク&ハイリターン

IPO銘柄へ投資するタイミングは3つあります。

❶ ブックビルディング
（個人投資家などの需要積み上げ）

❷ IPO上場初日

❸ IPO後しばらく経ってからの「セカンダリー投資」

このうち❶ブックビルディングと❸セカンダリー投資の2大タイミングをつねに射程に置きましょう。そこで、まずはブックビルディングについて、さらに詳しくお話しします。私自身はIPOのブックビルディングへの応募を10年以上前から続けています。

ブックビルディングでは、たとえ当選しても100株しか手に入りませんが、2008年のリーマンショック以前は1単元あたりの株価が高かったことと、公開価格に対して何倍もの初値がつくケースが多く、当選して初値で売るだけでかなりまと

まった差益を得られました。

　過去の投資記録から、私のIPO銘柄の実績を紹介します。

私のIPOの銘柄の実績

銘柄（上場時の名称）	損益額
比較.com	＋2,250,000円
IRIユビテック	＋1,940,000円
アスキーソリューションズ	＋1,530,000円
カービュー	＋64,040円
足利ホールディングス	＋855円
神戸物産	－100,000円
合計	＋5,684,895円

　これらは、いずれも「初値売り」での損益です。

　初値売りとは、上場初日の初値で売ることで、シンプルかつ王道的な手法です。

　IPOのブックビルディングに応募し続けるだけで、私は過去これだけの利益を上げてきました。

　－10万円となっている神戸物産は、いまでこそ上場時から株価が100倍近くまで成長しましたが、上場時は不人気で公開価格を大きく下回る初値となり、それ以上の損失を限定するために初値売りで損切りしてしまいました。

　このようにブックビルディングへの応募は、まったくのノーリスクとはいいませんが、ローリスク・ハイリターン（ただし抽選に外れ続けるとノーリスク・ノーリターン）といえます。

　外れ続けても、根気よく応募する価値はあります。

　ちなみに初値売りで大きな利益を上げた銘柄の株価がいまどうなっているかは、あえて気にしないようにしています（笑）。

IPO投資の2大タイミング
②「セカンダリー投資」は究極の"手抜き投資"

　私は2012年頃からIPOの「セカンダリー投資」に力を入れています。

　IPOのセカンダリー投資とは、上場前後は人気を集めていたIPO銘柄が、上場してからしばらく経って人気が下火になり、株価が割安になったタイミングでコツコツと拾っていく投資法です。

　IPO銘柄は大きな人気を集めており、ブックビルディングは軒並み高倍率になっている現状からすると、IPOのセカンダリー投資こそ、「割安成長株」を見つけるためのもっともおすすめの"手抜き投資"といえます。

　セカンダリーとは、「2次的な」という意味です。株式市場

では、すでに発行済みの株式を投資家の間で売買することを「セカンダリー」と呼びます。

　考えてみると、通常の株売買はすべてセカンダリーなのですが、IPO銘柄への2次的な投資をとくに「IPOセカンダリー投資」と呼んでいるのです。

　48ページの5つのポイントをスクリーニングしたり、IPO時の目論見書や成長可能性の説明資料、上場時の社長インタビューなどをあたって、「割安成長株」と判断した銘柄に目星をつけます。

　IPO直後の過熱感がクールダウンし、株価が落ち着いた銘柄や投機対象の圏外になっている銘柄を割安感が出てきたタイミングで拾うのが、IPOセカンダリー投資の最大のポイントです。

　IPOセカンダリー投資は、「割安成長株」が手っとり早く見つけられる究極の"手抜き投資"なのです。

　IPO銘柄は上場直後は買いが売りを上回り値上がりしますが、そのうち売りも増えて値下がりしつつ、需要と供給が落ち着いたところで、今度は「見直し買い」が入ります。

　見直し買いとは、人気圏外だった銘柄が、なんらかのきっかけで見直されて買い注文が入ることです。

　IPO銘柄は、基本的には成長戦略を持って上場しますから、業績の成長に応じて、その後の株価上昇も期待できます。

　数か月前にIPOした銘柄だけでなく、1〜3年前にIPOした銘柄までさかのぼって、IPOセカンダリー投資の対象を探してみるのもおすすめです。

　IPOして1年以上経つ銘柄であれば、IPO銘柄というだけで人気が集まり、実力以上の株価になっている恐れもありません。

アルテリア・ネットワークス（東証1部・4423）

上場日 2018年12月12日上場　公募価格 1250円　初値 1190円

IPO直後の
公募割れから復活し
利益約600万円

「公募・売り出し価格より安い =割安」ではない

近頃は数か月前に IPO した銘柄でも、公募・売り出し価格を大幅に割り込む銘柄がいくつも見られるようになりました。

割安な銘柄という点では、IPO セカンダリー投資の対象となるのですが、**「公募・売り出し価格より安い＝割安」というわけではありません。**

直近 IPO で株価が低迷している銘柄を投資対象として検討するのであれば、次の2つのポイントは最低限おさえておきましょう。

IPOセカンダリー投資で おさえておくべき2つのポイント

❶ 公募・売り出し価格は妥当だったのか?
（同業他社と比較して強気な価格ではなかったか?）

❷ 業績見通しの下方修正など、公募・売り出し価格設定時の前提が崩れるような発表がなかったか?

　株価が割安でも、業績面で悪材料が出たりして成長性が見込めず、株価が低迷しているのであれば投資対象にはしません。

　IPO後に一度か二度、四半期決算や本決算を見極めたうえで、IPOセカンダリー投資をすれば、後述する「上場ゴール銘柄」の株式をつかんでしまうリスクも減らせます。

　単に株式の売り手（供給側）が多く、買い手（需要側）が少ないというミスマッチが生じて、株価が下落しているだけの有望銘柄もありますから、この点は見極めが必要です。

　IPOセカンダリー投資の候補を洗い出す際、株価が公募・売り出し価格を割り込んでいるという条件で探すこと自体に問題はありません。

　そのうえで前述した2つのポイントをおさえて、単に公募・売り出し価格と比べて割安だから買うのではなく、48ページの基準に照らして割安であると確認してから購入するようにしましょう。

悪質な「上場ゴール」銘柄を避ける方法

　IPOセカンダリー投資で避けたいのは、IPO後に株価が下がり続ける「上場ゴール」銘柄を、反転を期待して買ってしまう

ことです。なかには「上場できれば株価も業績もどうでもいい」といわんばかりの上場ゴールと疑われる会社さえあります。

　とくに大株主に投資ファンドが名を連ねる銘柄は要注意です。

　投資ファンドは、IPOで事前に投資した株を高値で売り抜く、一攫千金を狙っただけの上場ゴールをしがちです。出資資金を回収するために上場を急ぐようなケースでは、上場が目的化して上場ゴールに至るケースも数多く見られるのです。

　創業社長にも、同様に上場ゴールを狙う人がいるので、こちらも要注意です。

　そもそも投資ファンドが大株主に名を連ねるような会社のIPOは、公募価格も割高です。成長銘柄だと思って投資しても、目論見が崩れるような悪材料が出たら、躊躇せずに損切りするべきです。

　IPO銘柄には創業者が株式の過半数を保有していたり、従業員持ち株会が大株主に名を連ねたりしている銘柄もあります。

　従業員持ち株会の出資している銘柄は、個人投資家である私たちと株主の利害が完全に一致していますから、将来的な株価の上昇に期待が持てます。

　従業員が株式を保有していると、創業者も株式の価値を下げるような行動をとりづらいと考えられます。IPO銘柄に限らず、従業員持ち株会の存在する銘柄は、投資対象として多少の安心感が得られると思います。

IPOセカンダリー投資では大型株も狙い目

　新興市場のマザーズやJASDAQのIPO銘柄は、バイオ関連や大型株以外は公募・売り出し価格が強気の高値で設定されながらも、その高値をさらに大きく上回って初値がつくケースが相次いでいます。

　とくに小型株は、IPO直後のタイミングでは相当割高になり、しかもその後に株価が急落する可能性も高いので、気軽に手出しできません。値動きが落ち着くまで、しばらく待つほうが無難です。

　どんなに事業内容が魅力的で成長性が高くても、その実力を上回る割高な株価になってしまうと、デイトレードなど短期取引で利ざやを稼ごうとする投資家以外は、手を出すべきではなくなるのです。

　そこで目を向けたいのが、東証1部や東証2部にIPOする大型案件（大型株）です。

　私は割安成長株を探した結果、中小型株を売買することがメインになっていますが、IPOのセカンダリー投資では公募・売り出し株数の多い大型株も視野に入れています。

東証 1 部・2 部に IPO する銘柄は、公募・売り出し価格が比較的割安に設定されていることがほとんどです。マザーズや JASDAQ など新興市場の IPO 銘柄に比べてレア度（希少性）が低いため、初値は公募・売り出し価格に近い値がつきます。

　東証 1 部・2 部の IPO 銘柄は、初値が高騰しにくいので短期取引には不人気ですが、中長期的には成長するポテンシャルが高く、腰を据えた中長期投資をベースにする私にはむしろ魅力的なのです。

東証1部のIPO銘柄でも株価50%増を狙える

　IPO の大型案件は初値こそ安いものの、しばらくすると売りをこなして、株価が右肩上がりになるケースが多いです。私は東証 1 部・2 部の IPO 銘柄を、ほぼ毎回チェックしています。

　ブックビルディングだと、たとえ当選しても 100 株しか手に入りませんが、IPO 後のセカンダリー投資であれば、買いたいだけ買えますから、株価が上昇したときの儲けもそれだけ大きくなります。

　新興市場の IPO 銘柄に比べて大型案件となる東証 1 部・2 部の IPO 銘柄は、10 倍株（テンバガー）を狙うことはなかな

かできませんが、30 ～ 50% までの値上がり益の積み上げは十分可能です。

　こちらも 48 ページの 5 つのポイントをスクリーニングしつつ、IPO 時の公開資料や社長インタビューなどから、地に足のついた成長戦略があるかどうかをチェックして、投資に値することを判断しましょう。

株式市場別IPO数

	2013年	2014年	2015年	2016年	2017年	2018年	2019年	総計
東証マザーズ	29	44	61	54	49	63	64	364
JASDAQ	12	11	11	14	19	14	6	87
東証2部	6	10	9	5	8	5	11	54
東証1部	6	10	8	8	11	7	1	51
札証アンビシャス			1		2	1	1	5
名証2部		1		2	1			4
名証セントレックス		1	1				1	3
福証	1						1	2
福証Q-Board			1				1	2
総計	54	77	92	83	90	90	86	572

私のIPOセカンダリー投資の実例を紹介

私は IPO のセカンダリー投資の対象として、IPO 直後から数か月くらいの銘柄だけでなく、IPO 後 1 ～ 3 年経った銘柄もチェックしています。

まずは、IPO 後に株価が右肩下がりだったり、底ばいで推移していたりする割安銘柄を探します。そして、48 ページで紹介した 5 項目で成長性もチェックして、投資判断をします。

株価が落ち続けている銘柄を投資対象にするのは、ちょっと大げさにいうと、落ちるナイフを素手でつかむような手法ともいえます。勇気が要りますし、どの水準まで株価が落ちたら拾うかの判断もなかなか難しいです。

IPO してから株価が下がっている銘柄のなかには、上場後に業績見通しの下方修正を発表したことが原因になっているケースもあります。きちんと IR 情報を参照して、上場後の悪材料を確認するようにしてください。

一方、**公募・売り出し価格に対して初値が高騰した IPO 銘柄は、公募・売り出し価格付近まで株価が下落するか、高い成長性が見込まれている銘柄でも PER20 倍未満まで株価が下落**

したタイミングで買えば、さらに株価が下落したときのリスクは低減できます。

　IPO のセカンダリー投資も、基本的には割安成長株を見つけるテクニックと同じで、業績がよく成長性はあるものの、株価が低迷している状況を見つけて、ほかの投資家が目をつける前に買うのがポイントです。

　とはいえ、自分の判断が正しいのか 100% の自信は持てませんから、私はいまだにいつもヒヤヒヤさせられています……。

　ただし、このように緊張感を持ちながら自己責任・自己判断で株式を売買していると、仮に損切りすることになったとしてもノウハウが得られ、その後の投資に活かせます。

　マネー誌や Twitter を見て、ほかの投資家がいうことに振り回されないで、自己責任・自己判断を徹底することが大事なのです。失敗はつきものですが投資家として確実に成長していけます。

　以上を踏まえて、次に私の IPO セカンダリー投資の実例を紹介しましょう。

IPOセカンダリー投資の銘柄を紹介

ブリッジインターナショナル(7039)

電話やメールを使った非対面の営業（インサイドセールス）のノウハウで、企業の法人営業を支援。営業担当の交渉力向上法、メールやSNSの活用法も指南。

上場 2018年10月3日（マザーズ）

購入 2019年12月（現在保有中）

バリューデザイン(3960)

電子マネーの普及を追い風に、飲食店や大型スーパー向けにプリペイドカードを発行する事業が好調で、スマホアプリと連動したサービスも伸びる。

上場 2016年9月26日（マザーズ）

購入 2019年12月（現在保有中）

アルテリア・ネットワークス(4423)

　総合商社大手の丸紅系で、光ファイバー網を保有し、企業向け通信サービスを展開。マンション向け一括提供型は業界トップ。

上場 2018年12月12日（東証1部）

購入 2018年12月末

売却 2019年2月と2019年4月

利益 約600万円

メタウォーター(9551)

　日本ガイシと富士電機の水環境事業を統合し発足した会社で、業界屈指の上下水処理設備と機電融合が強み。

上場 2014年12月19日（東証1部）

購入① 2015年3月

売却 2015年9月

利益 約100万円

購入② 2016年10月

売却 2020年3月

利益 約170万円

コーア商事ホールディングス(9273)

　ジェネリック医薬品の原薬販売が中心で、注射剤や経口剤を中心とした医薬品製造販売も行う。

- **上場** 2018年6月21日（東証2部）
- **購入** 2018年8月（2回売買）
- **売却** 2018年10月
- **利益** 約300万円

マークラインズ(3901)

　自動車業界に特化した日英中3言語対応のウェブ情報サービスとコンサルティング、人材紹介を展開。

- **上場** 2014年12月16日（JASDAQ）
- **購入** 2016年1月
- **売却** 2016年5月
- **利益** 約230万円

三機サービス（6044）

　電気設備から水回り、厨房関連まで店舗施設のあらゆる機器のメンテナンスを請け負う「トータルメンテナンス」事業を手がけ、名だたるチェーン店舗の運営を裏方として支える。

上場 2015年4月24日（JASDAQ）

購入❶ 2015年8月

売却 2016年11月

利益 約250万円

購入❷ 2017年1月

売却 2017年3月

利益 約360万円

購入❸ 2017年9月

売却 2018年2月

利益 約420万円

株式投資の
「ピンチはチャンス」

新型コロナショックの直撃を受けた日本の株式市場は、消費税増税にともなう消費の落ち込みも加わって、景気後退局面に突入するかもしれないと見られました。私も新たな銘柄の買いは、少し辛抱して様子を見ました。

　ただキャイ〜ンの天野さんや私がそうだったように、これから新たに株式投資を始めるのなら、こうした暴落局面こそエントリーする絶好のタイミングだったかもしれません。

　投資家にとって「ピンチはチャンス」。そうしたときこそ、銘柄探しを始めるといいです。企業のビジネスモデルや成長ビジョンに問題がないのに、新型コロナショックで、株価が大きく値下げした銘柄もありました。そうした銘柄には、私も強い関心を持って注視しました。

　多くの投資家がそれぞれの視点からブログやTwitterで情報発信しています。

　それらの情報を参考にするのはいいのですが、株式投資は他人の意見を鵜呑みにしても成功はおぼつきません。なにごとも人のせいにしては上手くいきません。

　銘柄の選定や売買のタイミングなどで頼りになるのは、結局は身銭を切った自分自身の投資経験以外ないのです。

　時間を味方につける意味でも、今回のような新型コロナショックの調整局面でも上昇局面でも、早めに経験を積んでおくことが先決です。

Step 4

「割安成長株」の
保有テクニック

成長余力がある株は
売りたい気持ちをグッと抑える

　すでに触れたように、株価が10倍に化ける銘柄を「テンバガー」といいます。10倍株は、底値に近い株価で拾えたとしても、株価が10倍になるまで保有し続けるのが難しいです。途中で利益確定をしたい誘惑に負けてしまいがちなのです。

　反省の念を込めて打ち明けると、私はこれまで結果としてテンバガーになった銘柄に投資したことが何度もありますが、株価10倍以上で差益を得られたのは前述のチャーム・ケア・コーポレーション1銘柄だけです。

　私を含めて中長期運用している個人投資家は、売買頻度が高いわけではないので、利益確定する機会もさほど多くないはずです。

　数少ない利益確定の機会で大きく儲けていかなくては、株式投資で数千万円とか億単位の利益を得るのは難しくなります。

　成長が見込める保有株に関しては、「買値から30％上がったから売ろう」と小さくまとまるのではなく、2倍、3倍、4倍と株価が大きく成長するまで、できるだけ利益確定したい気持ちを抑えておかなくてはいけません。

　株価が倍増するまでには時間がかかりますから、少しでも値上がりすると利益確定したい気持ちに駆られます。でもその後、株価の上昇スピードは、3倍、4倍、5倍と加速度的にアップすることもあるのです。

　シンプルな例をあげて説明しましょう。

　1株100円で買いつけた株価が200円になるには、＋100％株価の上昇が必要です。

　次に200円の株価が300円になるには＋50％の株価上昇、400円の株価が500円になるには＋25％の株価上昇、1000円の株価が1100円になるには＋10％の上昇で済みます。

　株価を2倍（＋100％）にできるくらいの成長力がある会社は、そこからさらに＋50％（3倍株）、＋33％（4倍株）、＋25％（5倍株）と成長を持続できるポテンシャルが高いのです。

私がチャーム・ケア・コーポレーション株を保有して5倍株となって以降、そこから10倍株を達成するまでに、さほど時間はかかりませんでした。

　反省を含めていうと、私は2倍株になったところで全株売却して利益確定してしまうケースもあります。しかし、利益を最大化するには2倍株になったところで半分を売却して元をとったうえで、残りの半分はもっと大きく儲けるために保有しておくというスタンスも重要だと感じています。

　私の保有銘柄で、10倍株とまではいかないまでも3倍、5倍の株価を目指せそうな銘柄としては、「プレミアグループ」（7199）と「ブリッジインターナショナル」（7039）の2社があります。

プレミアグループ（7199）

上場 2017年12月東証1部

　オートクレジット（自動車ローン）とワランティ（自動車修理保証）が2本柱。ストック型ビジネスで、中古車のクレジット契約と修理保証の契約残高が順調に積み上がっています。「自動車整備サービス（検査・故障修理）」「自動車整備システムの開発・販売」「個人向け新車リース事業」も展開しています。

ブリッジインターナショナル(7039)

上場 2018年10月東証マザーズ

　電話やメールでの非訪問型営業（インサイドセールス）で、BtoB の営業とマーケティングに特化したアウトソーシング、コンサルティングなどを行うストック型ビジネス。契約年数が長い既存顧客ほど売上高が増えていく傾向が出ており、直近 1 ～ 2 年で契約した企業からの受注増が今後見込めそうです。

　この両社に関しては株式保有の握力を強めにして、少し長めのスパンで保有していきたいと思っています。

"分散しすぎない投資"がいい

　株式投資は、余裕資金の 10 万円から始めるのであれば、勉強を兼ねて 1 銘柄だけ買ってみるのもいいでしょう。ただし、資産が増えてきたら、いくつかに分散投資するようにします。

　かといって数十もの銘柄に分散投資してしまうと、保有株をケアしきれなくなります。

私自身は、集中投資と分散投資の中間くらいの分散度合いを理想としています。

株式資産２億円を達成したいまは、８〜10銘柄に"分散しすぎない投資"をしています。

１銘柄あたりの投資額は400〜500万円です。

　１銘柄あたりの投資額が400〜500万円だと、想定外の悪材料が出て損切りしたとしても、損失額は100万円以内に収めることができます。

　資産２億円に対しての影響は０・5%にとどまるのです。

これまで株式資産は順調に増えてきましたが、分散しすぎない投資のスタンスは、ここ数年間変わっていません。

　株式投資ではリスク回避の観点から分散投資が正しいとされています。たしかに「卵を１つのカゴに盛るな」（カゴを落とすと卵が全部割れてしまう）といわれれば、正しいように思えるのですが、私は次のような２つの理由で分散投資しすぎるのはよくないと思っています。

分散投資の2つのリスク

● 分散しすぎると保有株の情報に目が行き届かなくなる

● 少額分散すると大きく値上がりしても資産が増加しにくい

　第1に、とくに忙しい兼業のサラリーマン投資家が分散投資しすぎてしまうと、保有株の決算などのタイミングで、IR情報に目が行き届かなくなります。値下がりにつながるハプニングが発生しても、売りの絶好機を見過ごすリスクもあります。

　第2に、分散投資すればするほど、1銘柄に投入する資金がそれだけ少なくなり、株価上昇の恩恵を受けにくくなります。

　巨額資金を運用する機関投資家ならば、そのほうがリスクを回避しつつ、全体として利益を安定化できますが、自己資金が限られる個人投資家の場合、少額で分散投資しすぎると、株価が大きく上がったとしても全体的な資産増加へのインパクトが小さくなってしまうのです。

保有銘柄数を増やさず 1銘柄あたりの購入額を 増やしていく

　私のような個人投資家は余裕資金で株式投資するのが鉄則ですし、現金買付余力を残すため、証券口座内の資産の半分程度で投資するのが理想です。

　そうすれば保有株の1つが暴落したとしても、総資産に対するマイナスのインパクトは軽微にとどめられるからです。

「余裕資金で投資する」

「資産の半分は現金買付余力として残しておく」

この2つのポイントをしっかり守っておけば、投資関連の
書籍やマネー誌が強調するほどの分散投資は必要ないのです。

**　私は運用額が2000万円くらいの頃は、1銘柄あたり200
万円前後で8〜10銘柄保有していたのですが、株式資産が増
加するにつれて1銘柄あたりの購入金額を増やしてきました。**

　今後も資産が順調に増やせたら、銘柄数は増やさず、1銘柄
あたりの購入金額を現在の400〜500万円から600万円、
700万円と増やしていくつもりです。

資金100万円を運用してみよう

　株式投資を始めるにあたり、「どのくらい分散投資すればい
いか」「どの程度の現金買付余力を残しておいたほうがいいか」
と迷ってしまうでしょう。

　Step1のシミュレーションに引き続き（40ページ参照）、余
裕資金10万円から段階的にスキルアップして資産100万円
まで増やした後の資産配分を考えてみましょう。

　まずは資金100万円を半分に分けます。

　50万円は投資用、50万円は現金買付余力として残しておきます。

　投資用50万円も全額投資するのではなく、30万円くらいで2銘柄を購入。残りは追加で買いたくなった場合の「予備費」として残しておきます。

　前述のように私は、株式投資を始めた当初、元手100万円の予定が、株式を買い増ししたい誘惑に負けて、結果として250万円まで投入してしまいました。

　そのときは運よくリカバリーできましたが、財布のヒモはキツめに縛っておいたほうがいいです。

　つねに資産の半分は現金買付余力として残す。そうすれば、たとえ損切りしても、つねにやり直しが利きます。

損切りは素早く判断する

　30万円くらいで2銘柄を買い、1銘柄あたりの投資額が10万〜20万円なら、損切り額を3〜4万円に収めることで、株式相場から退場することなく投資を続けられます。

　元手10万円から資産100万円まで増やした経験の持ち主なら、一度減らした投資元本を回復させることも、それほど難しくないでしょう。

　その後、株式資産を何倍にも増やしたいなら、**運用額が200万円なら2〜3銘柄、500万円なら3〜4銘柄、1000万円なら4〜5銘柄に厳選します**。

　前述したように運用額が2000万円以降は8〜10銘柄にとどめ、運用額が増えたら保有銘柄数を増やすのではなく、1銘柄あたりの投資額を増やしていきます。

　保有銘柄を丁寧にケアして「損小利大」を追求するスタイルのほうが、資産を大きく増やせる確率は高まります。

　2003〜2004年頃、私が資産数百万円レベルだった頃の運用は、まさにそんな感じでうまくいき、その後、上昇トレンドにのることができました。

それから現在にいたるまで、8 ～ 10銘柄の "分散しすぎない投資" で利益を出しているのです。

「ナンピン買い」は抜かない伝家の宝刀

　株式投資を始めると、売買にのめり込んで「現金買付余力」がすぐになくなって、証券口座に追加入金したくなる場面が出てくるかもしれません。

　株式投資は実力がともなわない初心者ほど損をする確率が高く、そのときに入金を繰り返していると、損失額があっという間に膨らんでしまうリスクがあります。

　そうなると証券口座に入金した資金では足りなくなり、追加

入金をしたくなってきます。

　当初の入金額が余裕資金のごく一部ならそれでもよいのですが、私のサイゼリヤ株のように含み損を抱えながら損切りできず、追加入金するという展開は問題です。

　証券口座に追加入金する前に、含み損を抱えた株を損切りするか、含み益を抱えた保有株を売却するなどして現金買付余力の捻出を優先しましょう。

　私がサイゼリヤ株でしたように、保有株がみるみる値下がりした局面で損切りせず、逆に買い増しして平均買付単価を下げて損失を薄めようとする人もいます。

**　これを「ナンピン買い（平均買い）」といいます。ナン（難）とは損のこと。それを平均化する効果があることから「難平」と書いて「ナンピン」と呼ぶのです。**

「ヘタなナンピン素寒貧（すかんぴん）」という格言があるように、「ナンピン買い」は避けるべきものとされています。買い増しした銘柄がさらに値下がりすると、含み損の増加ペースが上がるからです。

　もし値下がりした銘柄を買い増しするのであれば、その会社の業績が堅調であることが絶対条件です。投資した際の前提が崩れるような業績悪化によって株価が下落しているのであれば、買い増しではなく即損切りが正しい判断です。

　繰り返しますが、平均買付単価を下げて含み損を薄めようとする「ナンピン買い」は、本来やらないに越したことはありません。伝家の宝刀のようにいざというときのために残しておいて、使わないで済むならそれに越したことはないのです。

投資も仕事も
「全体最適」が重要

　ビジネスでは、「部分最適」と「全体最適」という言葉が使われることがあります。簡単にいうと、部分最適は見えている範囲で最適化すること、全体最適は見えていない範囲を含めた全部を最適化することです。

　部分最適はネガティブ、全体最適はポジティブな意味合いで使われることが多いです。さらに、部分最適は断片最適となり、全体最適につながらないケースが大半です。

　なぜこんな話をしたのかというと、これが株式投資にもあてはまると思うからです。

　たとえば、「割安成長株」を15銘柄保有し、それぞれの業績は増収増益と好調で、今後も業績の成長が期待でき、しかも割安なタイミングで購入できたとしましょう。

しかし、自分の証券口座全体を見渡すと、15銘柄も購入してしまった結果、現金買付余力がほとんどなくなったとします。

これだと株式相場が下落局面に入ったら、保有資産全体に悪影響が出たり、絶好のタイミングで買い増しができなかったりという弊害が考えられます。

つまり、部分最適であったとしても、全体最適とはいえない状態なのです。

このケースで全体最適を図るならば、保有銘柄を15銘柄から8〜10銘柄に減らして、現金買付余力を増やします。

このように私は部分最適に終始しないよう、俯瞰して全体最適となるように、個人投資家としてもサラリーマンとしても心がけるようにしています。

「受取配当金」は 税引後年85万円くらい

私は資産形成のための「値上がり益」を狙った株式投資をしています。

そのため、「受取配当金」については、それほど重要視していませんが、現在の保有株を1年間保有した場合の受取配当

金の総額を計算してみました。

**　受取配当金は年間計 106 万 7700 円で、税引後年 85 万円くらいの配当金収入が見込めます。**

　保有する自社株の受取配当金が毎年 100 億円前後にものぼるソフトバンクグループの孫正義会長兼社長に比べれば微々たるものですが、サラリーマン投資家のお小遣いとしては悪くない金額です。

　現在私が保有している銘柄では、光ファイバー網を企業やマンション向けに提供しているストック型ビジネスの「アルテリア・ネットワークス」(4423) の業績が安定しており、受取配当金目当てに長期保有するには向いています。

　また「プレミアグループ」(7199) は配当性向 40% を公約しており、増収増益が続く限り、増配が見込めそうです。

保有株の年間受取配当金

銘柄 （コード）	株数	1株あたり 配当金	年間配当金
アルテリア・ネットワークス （4423）	6,000	51	306,000
プレミアグループ （7199）	7,000	44	308,000
三洋貿易 （3136）	2,000	74	148,000
Z ホールディングス （4689）	15,000	8.86	132,900
メタウォーター （9551）	1,500	64	96,000
ツクイスタッフ （7045）	2,000	30	60,000
オリックス （8591）	100	86	8,600
サンマルクホールディングス （3395）	100	62	6,200
コナカ （7494）	100	20	2,000
フレアス （7062）	3,000	0	0
ブリッジインターナショナル （7039）	3,000	0	0
合計			1,067,700円

株式投資を
しないほうがリスク

終身雇用も年功序列も崩壊したいま、私を含めて正社員として働いているサラリーマンも、いつなんどきリストラされるとも限りません。

グローバル化やAI化によるビジネス環境の激変により、会社自体の存続が危うくなることだって十分に考えられます。企業合併や事業売却の可能性だってあります。

病気をきっかけに退職を余儀なくされるケースもあり、たとえ健康でもいったい何歳まで働けるのかわからないのが現実です。

新型コロナショックで、雇用をめぐる状況はよりいっそう不透明になっています。

先がまったく見通せない不安定な時代であり、結婚やマイホームといった夢を持てない若い世代も増えています。

そんな時代、株式投資を始めないほうがリスクだと思うのです。

自分とは別人格の「お金」が勝手にせっせと働いてくれて、いざというときに備えて経済的なバックアップをしてくれる。それが株式投資というものなのです。

どんな荒波に激しくもまれても、「たゆたえども沈まず」。資産2億円を成し遂げた私が得意とする「割安成長株」への株式投資は、これからの不安定な時代を生き抜くすべての人にとって頼れる武器になってくれると信じています。

Step 5

「割安成長株」の 売りどきを極める

「損切りは早めに、利益確定は遅めに」が鉄則

　株式投資の成功と失敗を分けるのは、どの銘柄を「選ぶ」か、それをいつ「買う」か、そしていつ「売る」か。これまで銘柄の選び方と買いどきについてお話ししてきましたが、このStep 5では売りどきについてお話ししたいと思います。

　売るときに大切なことは、やはり「利益確定」と「損切り」のタイミングです。

　これまで再三触れてきたように、**「損小利大」を前提とする「損切りは早めに、利益確定は遅めに」が鉄則です。**

　しかし私は、何％値上がりしたら利益確定するとか、何％下がったら損切りするという基準を画一的に決めているわけではありません。

　経験上、損切りは躊躇せず、利益確定は少し冷静になって考えたほうがよいケースが多いです。

　株式投資で儲からない人は、逆に「損切りは遅め、利益確定は早め」になりがちです。前述のように、含み損を抱えても「いつか反発して値上がりするだろう」と根拠のない自信から塩漬

けしてしまい、損切りを躊躇しがちなのです。

　なかには含み損を抱えているという現実から逃避するように、証券口座へのログイン自体を止めてしまう人もいるようです。

　一方で、少しでも含み益が出たら我慢できず、すぐに利益確定してしまう。

　これでは損失を利益でカバーしながら資産を増やしていくことはできず、ジリ貧に陥ってしまいます。

　やはり「損小利大」で、早めに損切りして損失額を最小化する一方、含み益が生まれても利益確定したい気持ちをぐっと抑えて利益を最大化する。

　一度の利益確定で利益額をできるだけ大きくできれば、仮に売買の勝敗が1勝3敗で負け越したとしても資産は大きく増やしていけます。

利益確定に
あえてルールを設けない

　利益確定するタイミングについては、機械的かつ一律のルールを定めているわけではありません。

「30％値上がりしたらもう十分」

「2倍になるまでは少なくとも保有しておきたい」

「ひょっとしたら10倍株を狙えるかもしれない」

　そんなふうに銘柄ごとに成長性のポテンシャルを測りながら、利益確定のだいたいのタイミングを想像しています。

　すべての銘柄に横断的に適用する基準を設定しているわけではないのです。

　株式資産を増やすためには、利益確定のタイミングはできる限り遅くして、利益の最大化を図りたいわけです。増収増益で今後も当面成長が見込めそうな銘柄なのに、「30％値上がりしたから売る」といったルールを機械的に適用するのはもったいないです。

　一方、損切りについては、塩漬け防止のために早めを心がけます。

　私は週末ごとに保有株の含み損益をブログにアップしていま

すが、現在の保有銘柄はおおむね含み益を得ています。

**　これは私の銘柄選びがよいからというより、銘柄選びに失敗したものを早めに損切りしているから残っていないだけです。「損切りは早めに、利益確定は遅めに」を実践していれば、ポートフォリオ（保有株一覧）に含み益のある銘柄が残るのは当たり前なのです。**

「1銘柄あたりの利益確定額 ≧ 1銘柄あたりの損失確定額」であることが資産増加の絶対条件です。私の利益確定額（134ページ参照）と損失確定額（137ページ参照）のランキングでも、そのようになっています。

**　ポートフォリオが含み損を抱えた銘柄ばかりだという人は、選んだ銘柄が悪かったというだけでなく、含み損を抱えた銘柄を早めに損切りできていない、もしくは含み益の出ている銘柄を早く売りすぎていることが原因だと思います。**

　せっかく含み益が出ている銘柄を、損失の穴埋めのため早々に利益確定したり、含み益が少しでも出ると利益確定したいという欲求に負けたりした結果であることが多いです。

　大事なことなのでしつこく繰り返しますが、「損切りは早めに、利益確定は遅めに」を実践できているかどうか、自分のポートフォリオを見て確認してみましょう。

投資した理由が崩れたら迷わず損切り

　マネー誌などでは、「購入株価から 10% 下がったら損切りしましょう」などと書かれていることが多いようです。

　しかし私が手がけている「割安成長株」の中小型株の場合、本業に悪材料などなくても、簡単に 10% 程度下落することがあります。

　購入した株が PER（株価収益率）から見て割安であり、業績が増収増益にもかかわらず値下がりしたのであれば、10% くらいの下落なら損切りはしなくてよいと私は判断します。

「損切りは早めに、利益確定は遅めに」を心がけるにしても、損切りを必要以上に細かく頻繁にしては、逆効果になりかねません。

　株価は日々上げ下げを繰り返しますから、5% ～ 10% の含み損くらいで細かく損切りしていると、資産をどんどんすり減らすことにもなりかねません。

　私も 2002 ～ 2003 年は細かい損切りと細かい利益確定を繰り返してしまい、総じて資産を減らして反省した苦い経験があります。

　躊躇せず損切りするタイミングは、その銘柄に投資した理由が崩れたときです。

　たとえば、ビジネスモデルが崩れてしまい、業績見通しを下方修正して減益決算になったケースが、その典型例です。

　そういうときは、まだ株価が10%も下落していない段階でも、脱兎のごとく、その銘柄を売り逃げたほうがいいです。

　ある程度長く保有して値動きをウォッチしていると、その銘柄に愛着がわいてきますが、そうした愛着に囚われるのは危険です。

　損切りするタイミングがやってきたら、思い切って止血しなければなりません。

気軽に損切りする くらいのほうがいい

　当初の目論見から外れて含み損を抱えた銘柄を塩漬けし続けるのは、気分のよいものではありません。

　そうかといって、損切りすると、その時点で損失額が確定しますし、「もう少し経てば値上がりしてくれるんじゃないか」という淡い期待から、踏ん切りがつかないこともあります。

　しかし、含み損を抱えたことが心に引っかかって悶々としてしまうと、日々の仕事や生活に悪影響を及ぼしてしまう可能性だってあります。基本的には、やはり早々に損切りするというスタンスのほうが得策なのです。

　私の経験からしても、損切りすると気分がウソのように晴れて、仕事も生活もポジティブになります。

　含み損を抱えた銘柄はなるべく早めに損切りして、その失敗をきちんと反省したうえで次の投資に活かす。そんなサイクルを回すことができれば、だんだんと損失が減って利益が上がりやすくなります。

　いったん含み損を抱えた銘柄が、のちに大きく値上がりすることもあります。これは俗に「大化け銘柄」と呼ばれています。

しかし、これを見極めるのはなかなか難しいですし、含み損が拡大するリスクもあります。

　私も保有株を売却した後で株価が上昇して、「あのとき売らなければ損をしなかった」という経験は何度もしています。しかし、それ以上に、早く見切りをつけることで損失拡大を防げたケースのほうが多いです。

結局は気軽に損切りするくらいのほうがよいと私は思います。

投資した理由が崩れていないときの損切り

　私は過去に株式相場が下落トレンドに陥る調整局面で、損切りを強いられたことが多々ありました。

　損切りするときに難しいのは、業績好調で投資を決めた理由も崩れていないのに、全体的な相場悪化による株価下落で含み損を抱えてしまった場合です。

　新型コロナショックのように世界的な調整局面では、リスク回避のため、含み損を抱えたら優良銘柄であっても早めに損切りしたほうがいいでしょう。

　ただし、大きな調整局面では、保有株を損切りする人が大量

に発生して需給が悪化します。売りたい人ばかりで買いたい人がいなくなり、株価下落に拍車がかかるのです。

株価は大きく下落した後、売りたい人が売り切ったら反発するケースも多いです。

保有株を売るタイミングは悪材料が出たら即売却か、それともワンテンポ遅らせて株価が反発して戻ったタイミングで売却するかですが、ここはいまでも迷うところです。

「相場がそろそろ反転するかもしれないから、売るのはもう少し待とうかな」という淡い期待もあり、損切りするタイミングが遅くなってしまったり、含み損が拡大したまま保有することになったりしがちです。

私は以前、チェルト（イオンディライト〈9787〉に吸収されて消滅）という銘柄を保有していたのですが、リーマンショックで500万円近い含み損を抱えました。

同社は増収増益を続けていましたし、固定の配当性向で増配を続けていました。それだけに損切りせず、含み損が拡大しても保有し続けていたのですが、最終的には反転して利益確定できました。

そういう経験もあるにはあるのですが、手がける事業に成長が見込めない銘柄は、なるべく早めに損切りをするように心がけています。

これまでの経験からしても、いったん損切りしてポートフォ

リオと気分をスッキリさせて、反省点を今後に活かしたほうが、投資成績はよくなると思っています。

やはり損切りも利益確定と同じで、機械的な一律のルールを設けるというわけではなく、私はケースバイケースで損切りをするか・しないかを判断しています。

損切りした銘柄を
再び購入することも

過去に損切りした銘柄は、嫌な思い出として株価チェックの一覧から消し去って、二度と見ないという人もいるようです。

私は損切りした銘柄であっても、業績の成長が期待できる場合は、株価をウォッチし続けて再購入することもあります。

一度損切りした銘柄でも、値動きのクセがわかっていると、次回はより適切なタイミングで購入できる確率が高まります。その点、新たな銘柄を手がけるより勝率も高まりやすいともいえるのです。

損切りした銘柄の株価をウォッチし続けると、その後、株価上昇を目のあたりにするケースも出てきます。

自分で傷口に塩を塗り込むようなもので、精神的にはややダ

メージを受けますが（笑）、損切りした事実は過去のことなので、もはやとり返しはつきません。

そこは割り切って、次のステージに向けて最善の手を打っていきましょう。

含み損を抱えていた銘柄でも、業績がよく成長を続けている会社であれば、株価もいつか含み益に転じるでしょう。

でも、株価下落の原因が業績悪化によるものなら、含み損を抱えた銘柄を塩漬けしてキープしていると、含み損がみるみる膨れ上がる恐れがあります。そういった銘柄は速やかに損切りするほうが安全です。

含み損を抱えた銘柄を見たくないので塩漬けしているという人は、勇気を振り絞って48ページの5つのポイントを再チェックし、本当に保有し続けていいかを検討してください。

保有株を売っても
すぐに新たな銘柄を買わない

株式投資を始めて間もない頃は、資金が少額ということもあり、現金買付余力を持たないで投資。その後、保有株に含み益が生まれると売り、得たお金をつぎ込んで、すぐに新たな株を

買いたくなります。私自身もそうでした。

　そのような売買を続けると、いつまで経っても現金買付余力が確保できず、有望な銘柄が出てきても、適切なタイミングで買えない状態が続きます。

　株を売る好機と買う好機は、必ずしも一致しないからです。

　上昇相場に乗じて上手く利益確定できても、すぐに別の株を買ってしまったら、その直後に株価の調整局面が訪れて「高値づかみ」になりかねません。

　狙っている有望な銘柄を買いたいから、保有株を売って資金をつくるというケースでも、保有株を売るタイミングと狙っている銘柄を買うタイミングが同時に好機になるということは、まず考えられません。

　保有株を売って現金買付余力が増えたとしても、それを新たな銘柄に即投じるのは NG なのです。いったんはその資金を手元で休めておきましょう。

　投資が楽しくなって、株を買いたい誘惑に負けそうになることもあると思います。しかし、適切なタイミングで次の銘柄に投資できるよう、じっくり見定めてください。

ここで私が2003年〜2019年末に利益確定した金額上位50銘柄を紹介します。

順位	銘柄	利益確定金額
1	チャーム・ケア・コーポレーション	61,796,074
2	三機サービス	10,334,798
3	ハビックス	9,119,297
4	アメイズ	8,102,349
5	ヒノキヤグループ	4,678,210
6	ウチヤマホールディングス	4,421,343
7	サイネックス	4,359,524
8	日本コンセプト	4,209,854
9	シダー	4,029,064
10	HANATOUR　JAPAN	3,977,006
11	明豊ファシリティーワークス	3,968,992
12	京進	3,898,299
13	nmsホールディングス	3,876,110
14	リログループ	3,818,830
15	トーエル	3,755,415
16	トラスト・テック	3,535,010
17	イオンディライト	3,533,756
18	エスイー	3,238,739
19	REVOLUTION（原弘産）	3,197,000
20	MORESCO	3,095,857

順位	銘柄	利益確定金額
21	ヒューマンホールディングス	3,074,466
22	ソラスト	3,071,260
23	コーア商事ホールディングス	3,033,760
24	日本管理センター	3,010,253
25	ケイアイスター不動産	2,797,012
26	フマキラー	2,419,006
27	ダイキアクシス	2,341,618
28	マークラインズ	2,319,006
29	比較.com★	2,250,000
30	FPG	2,238,411
31	ハウスドゥ	2,069,006
32	日本社宅サービス	2,022,309
33	IRIユビテック★	1,940,000
34	ビケンテクノ	1,793,663
35	エーアイティー	1,790,729
36	丸和運輸機関	1,638,006
37	SBSホールディングス	1,594,306
38	アスキーソリューションズ★	1,530,000
39	光ハイツ・ヴェラス	1,508,175
40	こころネット	1,444,033
41	イーブックイニシアティブジャパン	1,387,597
42	日本ライトン	1,374,000
43	ジェイリース	1,337,306
44	アビスト	1,253,578
45	トランコム	1,240,322
46	パピレス	1,188,333
47	アーキテクツ・スタジオ・ジャパン	1,166,812
48	日本アクア	1,128,033
49	ひまわりHD	1,128,000
50	シノケングループ	1,119,900

利益確定金額は、これまで何度か触れた「チャーム・ケア・コーポレーション」（6062）が圧倒的1位であり、2位の「三機サービス」（6044）は2、3回参戦して（つまり売って利益確定した後、また買って利益確定を繰り返し）、その都度、利益を上乗せしました。

　★マークがついた銘柄はIPOのブックビルディング（73ページ参照）に当選し、初値売りで利益確定したものです。

　資産2億円達成の原動力となった銘柄がチャーム・ケア・コーポレーションであることは間違いないのですが、利益100万円以上の銘柄がこれだけたくさんあるのです。

　多くは株価が買付価格の1.5倍、2倍になったタイミングで利益確定した銘柄です。

　振り返ってみると、「もう少し長く保有していれば10倍株になったのに！」と悔やまれる銘柄もあるのですが、こうやってコンスタントに利益確定が続けられたからこそ、着実に利益を積み上げられたのだと思うようにしています。

続いて過去に損切りした銘柄を全公開……

　続いて2003年から2019年末に損切りした銘柄を、すべて公開します。損切り額の大きい順に以下の通りです。

順位	銘柄	損切り額
1	JDドットコムADR	− 2,263,529
2	ハウスフリーダム	− 1,692,750
3	アテクト	− 1,099,368
4	オプティマスグループ	− 892,294
5	クレステック	− 832,594
6	やまみ	− 825,188
7	フレアス	− 654,694
8	アイティメディア	− 606,494
9	99プラス	− 577,600
10	フジスタッフHD	− 551,160
11	バーチャレクス・コンサルティング	− 536,392
12	日本モーゲージサービス	− 512,502
13	ダイヨシトラスト	− 493,000
14	アウトソーシング	− 484,400
15	東京日産CS	− 418,000
16	ツムラ	− 415,832
17	プロトコーポレーション	− 343,667
18	サイバーリンクス	− 330,094
19	ハーツユナイテッドグループ	− 326,494
20	ニフティ	− 299,087

順位	銘柄	損切り額
21	ジャストシステム	-298,546
22	富士製薬工業	-292,552
23	メディカル・ケア・サービス	-291,000
24	ヤフー	-283,994
25	ビーグリー	-270,046
26	第一商品	-214,000
27	協和医科HD	-208,500
28	日本デジタル研究所	-205,794
29	エイティング	-177,000
30	カネコ種苗	-172,494
31	日東電工	-165,009
32	ゲンキー	-154,900
33	トラストパーク	-152,000
34	ヴィンクス	-151,794
35	フューチャーアーキテクト	-149,400
36	IKK	-128,800
37	カワサキ	-117,900
38	豆蔵ホールディングス	-117,746
39	三栄建築設計	-114,700
40	タイセイ	-110,298
41	CEホールディングス	-108,967
42	ビリングシステム	-106,802
43	ハイアス・アンド・カンパニー	-105,388
44	1stホールディングス	-103,909
45	神戸物産	-100,000
45	イー・アクセス	-100,000
47	リビングコーポレーション	-98,000
48	ショーエイコーポレーション	-95,367
49	穴吹興産	-95,000
50	共同PR	-92,000

順位	銘柄	損切リ額
51	アスモ	−90,994
52	杉本商事	−74,400
53	三洋ロジ	−71,732
54	GMOクラウド	−71,197
55	自動車鋳物	−71,000
56	JCLバイオアッセイ	−67,623
57	エバラ食品	−60,000
58	ニホンフラッシュ	−57,967
59	中西製作所	−57,294
60	ピープルスタッフ	−56,000
61	アーティストハウス	−55,000
62	ツクイ	−53,909
63	日本冶金工業	−46,500
64	BBネット	−34,000
65	マツオカコーポレーション	−33,846
66	アクトコール	−33,509
67	ローランドDG	−31,500
68	大阪証券取引所	−31,000
68	ビューカンパニー	−31,000
70	東和フードサービス	−25,000
71	YKT	−23,000
72	東洋証券	−22,000
73	ナナオ	−19,000
74	ソリトンシステム	−18,500
75	CRCソリューションズ	−18,100
76	サンウッド	−18,000
77	UCS	−17,400
78	金商	−17,000
79	シャープ	−15,000
80	明豊エンタープライズ	−12,200

順位	銘柄	損切り額
81	ラクト・ジャパン	− 11,494
82	クリエイト	− 11,400
83	大研医器	− 10,500
84	堺商事	− 10,000
84	ソネットM3	− 10,000
86	太平洋セメント	− 9,000
86	RSC	− 9,000
88	SRA	− 8,500
89	山喜	− 8,000
90	アートグリーン	− 7,293
91	カルビー	− 7,100
92	小野建	− 6,000
93	ニューディール	− 5,100
94	第一化成	− 5,000
94	ケア21	− 5,000
96	楽天	− 4,000
97	松井証券	− 2,000
97	初穂商事	− 2,000
99	JAS	− 1,000

　損失額がいちばん大きかった「JD ドットコム ADR」というのは、ベンチャー企業向け米株式市場「ナスダック」に上場する中国のネット通販企業「京東集団」（JD ドットコム）の ADR（米預託証券）という私としては特殊案件です。

　中国では「アリババグループ」に次ぐネット通販 2 位であり、先駆的な物流自動化を進めている点を評価して購入したのですが、購入直後に創業者がアメリカで問題を起こし、一時拘留されるや株価が急落しました。

　実力がある会社なので、一時的な不祥事は業績に影響しない
だろうと判断していました。損切りに躊躇している間に、
2018年12月の世界的な株価の調整局面に巻き込まれて、最
終的に損切りしました。

　私は基本的には日本株への投資をしているのですが、この案
件では慣れないことに手を出して大きな痛手を負ってしまいま
した……。

　**やはりいろいろな投資に手を出すのではなく、自分の強みで
ある「割安成長株への中長期投資」に徹するべきなのです。**

　損失額が2番目に大きかった「ハウスフリーダム」(8996)は、
大阪南部を中心に戸建分譲を手がける会社です。福岡も地盤と
していることから、福岡証券取引所の新興市場「Q-Board
(キューボード)」に上場しています。IPOを機に同社を知って
投資しました。

　地方の新興市場により売買が不活発で流動性が少なかったと
ころに、購入してから業績の下方修正と減配を発表して、数日
間連続で値幅制限の下限まで株価が下落するストップ安をく
らってしまい、大底で投げ売りしました……。

　それ以外の銘柄は、損切りを躊躇している間に損失額が膨ら
んだケースがほとんどです。

　損切りをせずにずっと保有していれば、反転して利益確定に

つながった銘柄も多いのですが、それはあくまで結果論です。

　株価がいずれ反転するかもしれないという淡い期待だけで含み損を抱え続けると、含み損がさらに大きくなる危険性もありますから、やはり早めの損切りという割り切りがリスク管理として正しいと思っています。

　あらためて振り返ってみると、損失額の少ない銘柄には、もはやどういう理由で買ったのかわからない銘柄や、話題になったから最小単元だけ買ってみたというような銘柄が数多く含まれています。

　その点は真摯に反省したいと思います……。

サラリーマン投資家ならではの
4つのメリット

第1に、サラリーマンは給与収入によって目先の生活は安定していますから、株式投資によって短期間で成果を出す必要はありません。だからこそ安心して「割安成長株の中長期投資」ができるのです。

第2に、株式投資で失敗したとしても、何度も再チャレンジができる点も、サラリーマン投資家のメリットです。資産運用には失敗がつきものです。失敗を繰り返しながら上達していくのが現実ですが、サラリーマンの給与収入というバックアップがあるからこそ精神的な余裕ができます。

第3に、サラリーマン投資家は、仕事をしているなかで得られた業界知識を活用して、自分が詳しい業界の銘柄を選んでいくと、情報格差を利用してほかの投資家より先回りして投資できる優位性があります。勤務先の将来性に自信が持てない人は、従業員持ち株会に積み立てるのではなく、あえて有望な競合他社の株式を購入するというケースだってあり得ます。

第4に、そこそこの資産が貯まってくると、人事評価を過度に気にせず、いいものはいい、ダメなものはダメだと、明快な意思表示に基づいて、思い切った仕事がこなせるようになります。会社をクビになったとしても、路頭に迷う心配がないと思えたら、仕事でも守りに入る必要がなくなるのです。

Step 6

新型コロナショック
のような
不測の事態への
対処法

新型コロナショック相場で どう対処したか

2020年は、新型コロナショックで株式相場が世界的に大荒れとなりました。

未曾有の大混乱で、世界的にサプライチェーン（供給網）が寸断し、製造業や物流は大きなダメージを被りました。インバウンド（訪日外国客）の激減で、旅行業、宿泊業、百貨店、小売業の業績が悪化。企業活動や個人の外出の自粛によって、飲食業、エンタメ業界への影響も甚大でした。

かつてない最大級の経済損失が発生したのです。

騒動の影響拡大や長期化を見据えて、保有株式をすべて売り切ったという投資家も、それなりにいたのではないでしょうか。

2020年2月末〜3月にかけての暴落局面で、私の保有株も含み損を25%ほど抱えました。その一方で、私は株式市場の上昇トレンドがいつ終わっても対応できるように、2017年頃から以前にも増して現金買付余力を確保するようにしていました。

緊急時対応として、証券口座内の資産は「株式保有：現金買付余力＝3：7」の比率にして、現金買付余力を高めておいたのです。

　そのおかげで新型コロナショックの暴落局面でも、資産全体の減少は10％未満にとどまり、保有株を"狼狽売り"することもなく保有し続けたのです。

　今後、この比率は若干上下するにしても、引き続き新型コロナショックが実体経済へ影響を及ぼすことによる株価調整を念頭に置いて、現金買付余力を6〜7割はキープし、3〜4割の資産で株式運用をしていこうと思っています。

　株式相場が下落し続けると予想していたとしても、相場は生き物で絶対の正解はありません。なんらかのタイミングで相場が反転・上昇することも考えられます。

　株式市場に漂うムードに翻弄された挙げ句、中長期で期待して保有していた株式を全部売ってしまったりすると、後悔することもあり得ます。

　緊急時の株式相場では、動向を見守りながら頻繁に売買しないように注意するしかありません。

景気後退と調整期に大損しない3つのポイント

　私は2008年のリーマンショック前後の景気後退局面で、保

有株の損切りができなかったため（投資成績にはあまり表れていないものの）、大きな含み損を抱えました。

　リーマンショックの不況局面から復活してから、日本は大きな不況を経験しませんでしたが、新型コロナショックをきっかけに、リーマンショック以上の景気後退局面に入るかもしれません。

　世界的な不況局面以外でも、株式市場は年に1回か2回は暴落することがあります。すると、株価が反転するリバウンド狙いで、上場廃止リスクもある「監理銘柄」などにも手を出したくなります。

　監理銘柄とは、上場廃止基準に該当する恐れがあることを投資家に知らせるため、証券取引所が指定した銘柄ですが、稀に株価が上がることもあります。

　しかし、その暴落は数年にわたる株式市場の調整局面の始まりである可能性も捨て切れません。

　株は底値で買って天井値で売れたら儲けを最大化できますが、底値や天井値のタイミングは神のみぞ知るもので、事前には誰も察知できません。

　多少なりとも察知できるとしたら、それは私たちのようなアマチュアの個人投資家ではなく、情報収集力も分析力も資金力も段違いに上回るプロの投資家たちです。彼らが先に動いたら、もはや底値でも天井値でもなくなります。

　上昇トレンドが終わり調整入りした際、個人投資家が大損をしないための備えが3つあります。

調整期に大損しない3つのポイント

❶ 現金買付余力をキープしておく（損失を限定）

❷ みんなが熱狂して相場が右肩上がりのときに株式を売っておく（逆張り）

❸ 株式相場が調整を始めたらいち早く売る（損失を限定）

　前述したように、私は❶を絶賛実践中です。

　株価の急落局面でなにより重要なのは、再三指摘している現金買付余力です。

　現金買付余力なしに株式を全力買いしていると、株価の急落局面で大きく資産を減らして、なおかつ含み損を抱える銘柄も生まれてしまいます。

　含み損を抱えた銘柄は、その一部でも損切りして現金買付余力を確保しておけば、その後、さらなる株価の調整が入ったとしても資産減少を防げます。精神的にもラクになります。

　新型コロナショックによって株式相場が暴落した後でリバウンドを狙いたい場面でも、私は証券口座の少なくとも半分の金

額は、現金買付余力として残しておくように心がけました。

　❷は実践できればよいものの、早く売りすぎると利益を最大化できないというジレンマをつねに抱えます。

　❸は、上昇トレンドの一時的な調整にすぎないのか、本格的な調整局面入りなのかの判断がつかないことが多く、躊躇しがちです。

　いずれにしても株式相場の乱高下に熱くならず、冷静かつ末永く相場とつき合っていくスタンスを忘れてはならないと自分にいい聞かせています。

株価チャートに張りつかない

サラリーマン投資家は、お盆休みやゴールデンウィークなど、平日に休みがあると、株式市場の相場に張りつく人も多いのではないでしょうか。私自身も株式投資を始めた頃はそうでした。

相場に張りついてしまうと、興味を持っていた銘柄をついつい買ってしまいがちです。

ところが、その銘柄が自分の休日に合わせて割安になってくれるわけでもありませんから、平日に仕事が休みで株式投資をする際は、売買のタイミングはふだん以上に慎重に考えるべきです。

長い休みで株式投資に割り当てられる時間があるのなら、相場に張りついて売買タイミングを探るのではなく、「割安成長株」探しにあてたほうがよほど中長期的にはよい投資成果につながります。

株式投資は自己責任であり、自分で考えて、判断して運用しなくてはいけません。仮に自身で考えずに他人が推奨する銘柄を鵜呑みにして購入したとしても、今度はどのタイミングで売るのかが判断できないでしょう。

これから株式投資を始めるなら、わからないことだらけであったとしても、また、ネットの情報や本、投資の先輩から情報を得たとしても、最終的には自分で調べて自己責任で売買することが大事です。そうしないと失敗しても成功しても経験が積み重ねられず、投資家としていつまで経ってもスキルアップできません。

Step 7

投資リスクを
コントロールする
12のポイント

株式投資は長く続けることが大切です。私は株式投資を始めてから、2億円に到達するまで17年続けました。

　リスクの高い「信用取引」に頼らず、手元資金の範囲内で株式を売買する「現物取引」のみで、サラリーマンでも「億単位」の資産を築けます。そのことは私自身が証明しています。

　株式投資を安定的に長く続けるには、株式市場から退場を迫られないように、リスクを軽減しなくてはいけません。

リスクはゼロにはできませんが、軽減することはできます。

　本書で触れてきた内容を踏まえて、長く続けられる「割安成長株の中長期投資」の12のポイントをおさえておきましょう。

Point 1　余裕資金でやる

　万一なくなってしまっても、あきらめられる余裕資金で運用していれば、保有株価の上下に翻弄されなくなります。

Point 2　信用取引はしない

　証券会社に担保として「証拠金」を預けて、その金額の最大約3.3倍（ネット取引では約2.85倍）の取引ができる「信用取引」は、短期間で資産を倍増させるパワーを秘めていますが、逆に資産をすべて吹き飛ばしてしまうパワーもあります。

　資産を吹っ飛ばして株式市場からの退場を余儀なくされたうえに、借金を抱えたりしては大変です。サラリーマン投資家がリスクを負って信用取引をすると、株価の値動きが気になって仕事どころではなくなってしまいますから、その点でも大いにマイナスです。

Point 3　中長期投資をする

　専業投資家ならデイトレードやスイングトレードという選択肢もありですが、兼業投資家は日中相場に張りつけないので、日々の株価の値動きに右往左往しなくても済む中長期投資がいちばんです。

Point 4　"分散しすぎない投資"をする

　勉強がてら10万円から始める以外、1銘柄への集中投資はNG。新型コロナショックのように、相場が一気に暴落すると大きなマイナスを抱える恐れがあります。

　とはいえ分散しすぎると保有株へのケアが疎かになりますし、株価が大きく上がっても資産増加に寄与しない恐れがあります。集中しすぎず、分散しすぎない、適度な"分散しすぎない投資"を心がけましょう。

Point 5 現金買付余力を持つ

　株式相場はいつなにが起こるかわかりません。余裕資金
であっても全額を投資せず、少なくとも半分は現金買付余
力として残しましょう。

Point 6 取引記録をつける

　保有株を売買した際の損益を記録しておきましょう。
ちょっと値上がりしたら利益確定していたり、損切りの金
額が大きかったり、自分の取引実績を見直すことで投資家
としての経験値を着実に積み重ねられます。

　1取引あたりの利益確定額を増やし、損切りの損失確定
額を減らすことが重要ですが、取引記録なしに売買してい
ると、こうした気づきを得られず、なんとなく投資を続け
るだけになります。

　億単位の資産が貯まるまでは何十回、何百回と失敗を繰
り返します。その失敗を糧に、その後の売買に活かすこと
で、取引成績が好転して資産も右肩上がりになってくるの
です。

Point 7 損切りを徹底する

保有株が含み損を抱えると、売るに売れなくなったり、株価を見たくなくなったりする人もいますが、そうした銘柄こそ即、損切りしましょう。

損切りをさんざん躊躇して塩漬け株を増やさないようにしてください。含み損を抱えたままの株を保有していると、含み損がさらに膨らんでしまう危険もありますし、メンタル的にもよくありません。

損切りしてしまえばスッキリしますし、その時点で損失を確定できますから、それ以上損失が膨らむことはありません。

Point 8 手を広げすぎない

株式投資はデイトレードから中長期投資までいろいろな方法がありますし、それ以外にも FX や仮想通貨などさまざまな金融商品があります。

興味本位で手を出したりせず、自分のライフスタイルに合った分野を決めて、その分野でスキルアップするようにしましょう。株も FX も仮想通貨も、すべてビギナーのままでは、いつまで経っても資産は増やせません。

Point 9 他人を真似しない

　投資の手法や考え方については、ほかの投資家に学び、意見もとり入れたほうが投資家として成長できると思います。株式投資に関するブログやマネー誌で、魅力的な投資手法や銘柄推奨記事に出あったらチェックしてみるのもよいでしょう。

　ただし、それらを単に真似してトレースするのではなく、あくまで参考にしつつ、必ず自分自身で考えてから投資するようにしてください。他人の真似をしていては、失敗しても成功しても、投資家として経験値が高まりません。

Point 10 話題の銘柄ではなく
　　　　　　割安な銘柄に投資する

　人気になっている銘柄や知名度の高い銘柄は、割高なケースが大半です。「みんなが買っているから」という理由だけで追随してしまうと、思わぬジャンピングキャッチ（高値づかみ）になってしまい、損失を抱えてしまうことがあります。

　割安な銘柄は、知名度が低く、不人気な銘柄ともいえます。買って大丈夫なのか不安になるかもしれませんが、ほかの投資家が買っていなくても、PERなどを参考に自分の判断を信じて、割安な銘柄を選びましょう。

Point 11 利益確定してもすぐに買わない

　保有株の株価が上昇して利益確定しても、その資金ですぐに新たな銘柄を買わないでください。利益確定して現金買付余力が生まれたタイミングが、必ずしも狙っていた銘柄のベストな購入タイミングではありません。

　買いたいと思ってチェックしていた銘柄を買うタイミングは、冷静に見極めましょう。

Point 12 割安な銘柄がないからと妥協しない

　株式相場が上昇局面のときは、指標的に割安な銘柄が見つからなかったり、狙っていた銘柄の株価が上がったりするなどして、焦ってしまいがちです。

　そんなときに、焦ったり妥協したりして買ってしまい高値づかみをしてしまったという経験を、私は何度もやらかしています。買いたい銘柄の株価が上がってしまったら、いったんあきらめるという方向転換も重要です。

時間的にも心理的にも
株式投資より仕事が優先

私は給与収入より株式投資による利益のほうが断然多いのですが、時間的にも心理的にも、サラリーマンとしての仕事を優先しています。

株価は通勤時やランチ休憩時にチェックするくらいで、株価が気になってトイレに籠るような"トイレトレーダー"ではありません。「株で儲かっているから仕事は粛々と流すようにやるだけ」というようなことにはしたくないのです。

手抜きしていれば、周囲はお見通しです。たとえ労働の対価が株式投資の効率よりも悪かったとしても、サラリーマンがメインであり、株式投資はサブであるというスタンスは変えません。

私は、職場の雑談では、株式投資の話はまずしません。「株で儲かっている」などと話したら、尊敬より妬みの感情を抱く人のほうが恐らく多いでしょう。

かといって「損している」と同僚にウソをついてまで、株式投資の話をしたくもありません。

兼業投資家をやめて専業投資家になればいいと思うかもしれませんが、専業で株価を頻繁にチェックできる環境にあるということは、逆に株価の変化に翻弄されやすいというリスクをともないます。

仕事が忙しくて、思ったように株価がチェックできないくらいのほうが、余計な失敗を防ぐことにつながると思うのです。

Epilogue

サラリーマン投資家
として
資産5億円を目指す

年率10%で2024年に3億円、 2029年に5億円

　私は27歳のとき、2002年に資産2億円を目指して株式投資を始め、2019年に1年前倒しで目標を達成しました。

　サラリーマンの平均的な生涯賃金といわれる2億円を達成したら、セミリタイアしようと思っていたのですが、いざ実現すると考え方が変わりました。

　毎月安定した給料をもらえますし、お金に縛られないぶん、思い切った仕事ができるようにもなっています。資産を築いたことによって、サラリーマンとして好転しているのです。

　そこで引き続きサラリーマン投資家として、10年後の2030年に向けて目標を掲げました。2003～2020年にかけては年率30%という高い目標を掲げて達成しましたが、あまりに高い目標を掲げる必要もなくなったので、2030年に向けては年率10%にぐっとハードルを下げて目標設定します。

「割安成長株」への中長期投資というスタイルは変えず、2024年に3億円、2029年に5億円を目指します。

　なお、私のハンドルネームは、"参億貯男"や"伍億貯男"に改名することなく、初心を忘れないために「弍億貯男」のままでいきます。

年	目標	実績
2003	2,500,000	3,749,270
2004	3,250,000	10,050,809
2005	4,225,000	19,343,361
2006	5,492,500	26,607,577
2007	7,140,250	24,009,559
2008	9,282,325	25,674,910
2009	12,067,023	27,361,196
2010	15,687,129	29,754,162
2011	20,393,268	38,800,835
2012	26,511,248	55,320,170
2013	34,464,623	77,306,846
2014	44,804,010	91,818,192
2015	58,245,213	102,971,129
2016	75,718,777	119,956,097
2017	98,434,410	157,516,713
2018	127,964,733	187,954,799
2019	166,354,152	225,141,269
2020	216,260,398	資産2億円達成！
2021	237,886,438	
2022	261,675,082	
2023	287,842,590	
2024	316,626,849	資産3億円達成！
2025	348,289,534	
2026	383,118,487	
2027	421,430,336	
2028	463,573,369	
2029	509,930,706	資産5億円達成！
2030	560,923,777	

会社員としての給料と 配当金の範囲内で生活

　私は都内でサラリーマン生活を送っています。新型コロナウイルスの感染拡大による政府の緊急事態宣言で、一時状況は変わりましたが、朝晩の通勤ラッシュなどのストレスで、人並みに消耗を強いられます。

　株式投資を始めた頃は、アーリーリタイアかセミリタイアしたら東京を離れて、自然が豊かな田舎でのんびり暮らしたいと思っていました。しかし、あれから年月を経て年齢を重ねたいまでは心変わりして、都会暮らしのほうがわが家には向いていそうだと思い直しています。

　夫婦ともども自動車の運転が下手なので、自家用車は所有していません。交通の便が悪い田舎で自動車という移動の手段を持っていないのは、かなりのマイナス。地方の自然は魅力ですが、そこへ移住するより、ときどき旅行するくらいがちょうどいいかなと思っています。

　私が株式投資で資産を増やしている理由は、将来の経済的な不安を解消したいからです。以前は10年先はわからないなどといわれていましたが、いまや3年先さえもわからない時代です。

　年金支給開始年齢も 60 歳から 65 歳へと上がり、そのうち 70 歳へとさらに上がりそうです。**今後失業する恐れや老後の生活を念頭に置くと、会社の給料や年金に頼らず、自力でお金を貯めておくことが欠かせません。**

　私の妻は専業主婦で、夫婦 2 人暮らし。仕事は私、家事は妻、という昔ながらの役割分担です。いまのところ会社員としての私の稼ぎだけで生活はちゃんと回っていますから、妻にも仕事をしてほしいとは思っていません。

　子どもはいないので教育資金はかかりませんし、遺産を残す相手も妻以外いません。

　転勤があり得る職種なので、マイホームは購入せず、ずっと借家暮らしですから、住宅ローンも抱えていません。

　自分たちの人生でお金を使い切りたいと思っているのですが、いつまで生きられるかはわかりませんから、それなりに長生きする前提で試算しています。

　退職後に残しておきたい資産は夫婦 2 人で 2000 万〜 1 億円と、専門家の間でも大きなばらつきがあります。預貯金だけだとインフレリスクもありますから、資産保全の最適なスタイルを模索している最中です。

　とりあえず現時点では、株式投資で築いた資産はとり崩さず、会社員として得た給与と株式投資で得た配当金の範囲内で消費（ときどき贅沢）していこうと思っています。

いつでもセミリタイアできる立場を活かす

　このご時世ですから、中高年になって一度仕事を離れてしまうと、再就職してまともに働ける自信もありません。

　仕事をやめて築いた資産をとり崩す生活になった場合、いちばん怖いのはインフレです。

　サラリーマンで仕事を続けていれば、インフレで円の価値が派手に下落したとしても、給与がインフレに応じて上昇するでしょうから、ある程度は安心です。

　そこで、サラリーマンとして仕事を続けていくのが最終的に嫌になるギリギリまでは、サラリーマンと株式投資の兼業を続けるつもりです。

　サラリーマン投資家が給与所得以上に株式投資で稼げるようになると、サラリーマンとして働き続けるのが馬鹿らしくなり、専業投資家に鞍替えする人もいます。

　私は会社員として得る給料と、株式投資で得る利益が感覚的につながっておらず、働くことが馬鹿らしいとは思えません。

　サラリーマンで兼業投資をしている人が専業投資家になる場合、株式投資などの資産運用一本でその先の生活をしていかな

くてはなりません。私には、それが大きなプレッシャーとなり
そうです。

　専業投資家になれば、資産運用にあてられる時間は増えます。

　時間ができたうえに専業になったプレッシャーから、デイト
レードやスイングトレードといった短期売買に手を出すと、た
ちまち損失を抱えてしまうような気がします。

　私は兼業投資家として中長期投資スタイルが好成績につな
がっているのであり、短期売買に関してはまったくの素人だか
らです。

　とはいえ私はサラリーマンとして定年まで働き続ける気はさ
らさらなく、いずれはアーリーリタイア、セミリタイアするこ
とを念頭に置いています。

　その後、専業投資家になっても、不慣れな投資には手を出さ
ず、「割安成長株」への中長期投資というスタイルをずっと継
続しようと決めています。

　みなさんも未来の人生を豊かにする投資を始め、自分に合う
投資スタイルを見つけてください。そのために本書が少しでも
お役に立てたら、著者としては望外の喜びです。

　2020 年 8 月

　　　　　　　　　現役サラリーマン投資家　弐億貯男

［著者］

弐億貯男（におく・ためお）

現役サラリーマン投資家。投資経験ゼロの初心者ながら、入社3年目に株式投資で生涯賃金2億円を貯めることを決意。忙しい営業職でも実践しやすい割安成長株の中長期投資で、年率30％キープという驚異的なパフォーマンスを発揮。みるみる資産を増加させて計画前倒しで目標達成。Twitter（弐億貯男@2okutameo：6.3万フォロワー）、ブログ「サラリーマンが株式投資でセミリタイアを目指してみました。」（ライブドアブログ「金融・株式」カテゴリ1位）と注目を集める。生涯賃金2億円はゲットしたが、会社員には社会性が養われ、安定収入を得られるメリットもあり、とりあえずサラリーマンを続けつつ、資産増加中。2020年現在44歳。

10万円から始める！
割安成長株で2億円

2020年9月1日　第1刷発行
2020年9月15日　第2刷発行

著　者──弐億貯男
発行所──ダイヤモンド社
　　　　〒150-8409　東京都渋谷区神宮前6-12-17
　　　　https://www.diamond.co.jp/
　　　　電話／03・5778・7233（編集）　03・5778・7240（販売）

ブックデザイン ─渡邉雄哉（LIKE A DESIGN）
イラスト──福田玲子
校正────鴎来堂
製作進行──ダイヤモンド・グラフィック社
印刷・製本 ─三松堂
編集担当──斎藤順